英語にできない日本の美しい言葉

吉田裕子

青春新書
INTELLIGENCE

はじめに

私は日ごろ、大学受験塾やカルチャースクールで古典を教えています。『源氏物語』や『枕草子』などの古典を、現代の教室で楽しむために、試行錯誤の講師生活を送っています。

当たり前ですが、教えるには、受講生よりも理解している状態でなくてはなりません。古典文学の世界は奥深く、未だに勉強の日々です。

あらためて言葉を深く調べ、考えてみると、一つひとつの単語に豊かな背景があることに気付かされます。

たとえば、毎日使う「ありがとう」という言葉もそうです。

これは形容詞「有難し」からできたあいさつです。有るのが難しい、つまり、めったにないほどすばらしい、という意味に基づいています。相手がしてくれたことに対し、そのような優しい振る舞いはそうめったにできるものではない、すばらしい優しさをありがとう、と感じ入る気持ちを表した言葉なのです。こうした由来を知ると、より心をこめて「ありがとう」と言えるような気がします。

これを、英語に訳してみたらどうでしょう。「Thank you.」と言えば確かにお礼の気持ちは伝えられるのですが、やはり由来の部分は抜け落ちてしまいます。「有難し」というニュアンスは、日本語でしかうまく言い表せないのではないでしょうか。

本書では、こうした「英語にできない日本の美しい言葉」を紹介したいと考えております。

また、「雅《みやび》」「粋《いき》」という言葉も、私の好きな言葉です。どちらも生まれに歴史を感じさせる、味わい深い言葉です。

「雅」の背景にあるのは「都《みやこ》」。平城京や平安京といった都、つまり宮《みや》（皇居）のある場所のことで、この言葉から、「都《みやこ》ぶ」「雅《みや》ぶ」という動詞ができました。そして、いかにも都らしい、洗練された様子を「雅」というようになったわけです。十二単《じゅうにひとえ》のような艶《あで》やかな装いに、上品な立ち居振る舞い、和歌や管弦の遊びもお手の物——王朝文化の時代には、そうした雅な貴族が暮らしていました。

一方の「粋」は江戸時代の言葉です。「心意気」にも通じる言葉で、容姿や気性がさっぱりと洗練されている様子を表します。こちらは垢《あか》抜けてしゃれた色気を感じさせます。粋な男の人というのは、色里《いろざと》などでの遊び方も心得ていて、人情の機微《きび》に通じ、気がきいているものでした。今でも「粋なはからい」「粋なプレゼント」のように使います。

雅と粋、どちらも、都会的な魅力を表す言葉ですが、主に平安時代に好まれた「雅」と、江戸時代に好まれた「粋」とでは、大きく雰囲気が違います。それぞれの時代の美的センスや感受性が、日本語の中に蓄積されているわけです。

こうした目に見えない、抽象的な概念は、別の言葉に直して説明するのが本当に難しいものです。雅なら雅、粋なら粋としかいいようがないからです。

実のところ、一つの単語には、かなりの情報量が含まれているのだと思います。今ある日本語の一つひとつは、時を経ていく中で、複雑で繊細な感覚や概念、習慣などを一語に結晶化したものです。本書では、そうした味わい深い言葉も数多く紹介できれば、と考えております。


また、日本語の興味深い点に、外の文化も柔軟に取り込み、言葉を豊かに発展させていく性質があります。

古来、日本は遣唐使《けんとうし》などを通じて中国文化にふれてきましたが、中国文学をそのまま中国語で鑑賞するというより、漢文という日本独自のスタイルに直して味わっていました。

その結果、中国古典から多くの語彙が取り込まれています。本書では中国語がルーツではあるものの、いつしか日本語に溶け込んだ興味深い言葉も紹介しています。

なお、今回の本は「英語にできない」と題しましたが、だからといって、英語などの他の言語が劣っている、日本語の方が優れている、ということを主張したいわけではもちろんありません。日本の文化や感性、習慣の反映された日本独自の言葉を知る面白さを感じていただきたい、と考えながら書きました。

言葉を一つひとつ詳しく知ることで、「最低限の意味が通じれば良い」というのではない、豊かな言葉の操り手になれるのではないでしょうか。そして、日本語に深く関心を持ったとき、その関心は、英語をはじめとする他の言語に対する深い関心にもつながるのではないでしょうか。

どの言語も、それぞれの文化がどのように世界をとらえ、どのように生活を営んできたかの蓄積です。本書の「日本の美しい言葉」を皮切りに、言葉の豊かな魅力に親しむことで、皆様のより豊かな暮らしや人生が切り拓かれることを願ってやみません。

吉田裕子

英語にできない日本の美しい言葉◇目次

第二章 優美な雰囲気を醸し出す

第三章 切なる気持ちを伝える

第四章 四季折々の言葉の彩り

第五章 ● 日本文化に息づく想い

第六章 語源から食を味わう

本文デザイン／青木佐和子
ＤＴＰ／センターメディア

第一章 ● 真心のこもったあいさつ

毎日なにげなく交わすあいさつには、日本人らしい謙虚さ、思いやり、感謝の気持ちがこもっています。英語にするとうまく伝わらない、日本語ならではのあいさつをご紹介しましょう。

ごきげんよう

相手を思いやる、素敵なあいさつです

「御機嫌良く」が転じてできた言葉です。

「機嫌」は表情や態度に表れる気分の良し悪しをいいます。「彼は今日はご機嫌だ」「あいにく、ご機嫌斜めのご様子だ」などと用います。

「ごきげんよう」は出会ったときにも別れるときにも使えるあいさつで、出会ったときに使えば、

「(今日は)ご機嫌良く(お過ごしでいらっしゃいますか)」

と機嫌をうかがう意味になりますし、別れるときに使えば、

「(今後とも)ご機嫌良く(お過ごしくださいね)」

と無事を祈るあいさつになるのです。

機嫌良く過ごすには、体調も良くなければいけませんし、仕事や家庭などにもトラブルの少ない状態でなくてはなりません。そうした諸々の要素をひっくるめて、機嫌良く過ごせるように気遣う「ごきげんよう」は、思いやりのあいさつであるといえるでしょう。

ご無沙汰しております

◉ 単に再会を喜ぶ言葉ではありません

この言葉をもし英語で言うなら、

・I haven't seen you for a long time.
・Long time no see.

に当たるでしょうか。

これらのフレーズは確かに「お久しぶり」ということは伝えているのですが、「ご無沙汰しております」という言葉にこめられた真意は十分に伝えられていないのではないかと思います。

「ご無沙汰」は、沙汰が無い、つまり、本来しなくてはならない処置をしていないという意味で、怠慢な態度のことを表しています。

相手のことを気にかけて訪問したり連絡を取ったりした方が良い、ということは分かっていたのだけれど、自分のことが忙しく、ろくにあいさつもできずに長い時間が経ってしまった――そうした反省の気持ちをにじませて用いるのが、「ご無沙汰しております」というあいさつなのです。

ですから、単に「久しぶり」と再会を喜んだり、長い間会えずにいたことを残念がったりする言葉ではないのです。長い間、安否や近況を尋ねられずにいた申し訳なさをこめたあいさつですから、「お変わりはありませんか」「息災《そくさい》でしたか」などの言葉と合わせて使うと良いでしょう。

おかげさまです

神仏や周囲の人々に感謝の気持ちをこめて

神仏の加護を意味していた「おかげ」という言葉が、人の援助や恵みをありがたがるときにも使われるようになりました。

「○○さんのおかげで」と特定の協力者に感謝するときだけでなく、見守り支えてくれた周囲の人々に幅広く感謝するときにも使います。そのため、直接的に何かを手伝ってもらったわけでなくても、「おかげさまで、息子も大学生になりまして」のように言うことがあります。

内心では、自分の能力や努力によって成果が出たのだと思っていても、周囲を立てて「おかげさまです」と言い、周りの人に花を持たせるのが日本流。そうすることで、良好な人間関係が長く続くわけです。

なお、江戸時代、伊勢神宮にお参りすることを「おかげ参り」といっていました。神のお恵み（おかげ）をいただこうと、多くの人がお伊勢さんを目指したわけです。現在、伊勢神宮のそばに「おかげ横丁」という町並みがありますが、それは、お伊勢さんのおかげで商売ができていることに感謝してのネーミングなのだそうです。

かしこまりました ◉ 「了解しました」と違う点とは？

元になっている動詞は「畏《かしこ》まる」。「畏怖《いふ》」という熟語があることからも分かるように、相手の立場や威厳に圧《お》され、恐れ、緊張する態度を表す動詞です。恐縮して居ずまいを正すような感じですね。

単に理解したことをいう、「分かりました」「了解しました」よりも、謹《つつし》んで言いつけをお受けするという、へりくだったニュアンスが出ます。この「かしこまりました」に近い、相手を敬う姿勢を表す言い方には他に「承知しました」「承《うけたまわ》りました」があります。

もし同じ趣旨を英語で言うなら、「I understand.」「Certainly.」になるのでしょうが、これらは「分かりました」に近いニュアンスです。「かしこまりました」の持つ、相手を敬い、謹んで命令をお受けするという意味は消えてしまいます。

恐れ入ります ◉「すみません」の代わりに使いこなしたいひと言です

漢語では「恐縮です」といいます。どちらの言い方にせよ、自分の身にはもったいないほどの厚遇を受け、かえって申し訳なく、身の縮むような思いをすることを指します。単純に怖く恐ろしく思うのとは少し違っていて、いたたまれなくて遠慮したくなるような感覚です。身の程をわきまえた謙虚な姿勢が感じられます。

人に声をかけるときにも使えますし、何かを頼むときにも、謝罪するときにも、お礼を言うときにも使うことのできる便利な万能表現です。相手の見る目の鋭さや腕前などに感服した際にも「恐れ入りました」と言うことができます。

近い感情を表す語には「かたじけない」「痛み入る」があります。古風なので、日頃の会話には取り入れにくいかもしれませんが、手紙などのここぞというシチュエーションで、「何から何までお手伝いくださり、誠にかたじけなく存じます」「あたたかい励ましを賜り、痛み入ります」などと使うと効果的です。

申し訳ございません

◉この言葉に隠された、謝り方の極意

謝罪をするときの定番の言い方です。

あらためて、言葉の成り立ちを確認してみましょう。

前半の「申し訳」には「申す」という謙譲語が含まれていますが、これを敬語でない表現に直せば、「言い訳」です。つまり、「申し訳ございません」というのは、敬語を外せば「言い訳はない」になるのです。

言い訳はないというのですから、「申し訳ありません、でも……」というように、言い訳を続けるのは似合いません。謝ると決めたら、グズグズと言い訳をせず、潔く謝りたい

ものですね。

似た表現に「申し開きもできません」があります。追及を受けた際、そうならざるを得なかった理由・事情を弁明するのが「申し開き」。その「申し開き」も一切できないと言うことによって、自分たちの過失・責任を潔く認める言い方です。

さらに言えば、もはや謝罪もできないと詫びる、「お詫びのしようもございません」というフレーズもあります。

不義理 ● 人付き合いの上でやってはならないこと

「とんだ不義理をしてしまいました。申し訳ございません」と謝ることがあります。この「不義理」がどういう意味か、考えてみたいと思います。

もちろん、「不義理」の元にある言葉は「義理」です。道義・道理。すなわち、人として守るべき正しい道のことです。特に、社会で生きていくのに欠かせないこと、人付き合いの上で守らなくてはならないルールのことをいいます。「義理人情」という言葉がありますが、元来、社会人として守るべき理屈をいう「義理」と、自然と心動かされる個人的な感情をいう「人情」では少々性質が違います。

たとえば、「義理チョコ」という言葉。これは、本人の人情としては別にあげたくないわけですが、その職場や集まりのルール・マナーとしてあげることになっているから義理であげる、というわけです。つまり人付き合い上すべきなので、仕方なしにする行為も「義理」というのですね。確かに、友人・知人に頼まれて展覧会や発表会を見に行く際、「お義理で見に行く」という言い方をすることがあります（これは決して、本人に聞かれてはいけない言葉ですね）。

さて、以下のような「義理」を欠いてしまっている状況が「不義理」です。

〝行くと約束したのに、行かなかった〟

〝あいさつに行くべき状況だったのに、行かなかった〟

〝長年取り引きがあったのに、他社に乗り換えた〟

〝お世話になっている人からの頼みなのに、断った〟

いずれも、理屈で考えれば、してはいけないこと、筋道の通らない状態です。

なお、借りたお金の返済が滞っているときにも、不義理といいます。

ゆるがせにしません　誠実さを伝えます

「ゆるがせ（忽せ）」は古くは「いるかせ」といったようで、おろそかにすること、いい加減に扱うことをいいます。そこで、「ゆるがせにしません（いたしません）」と言うことで、手を抜かず、入念に取り組む真摯な姿勢を約束する言葉になります。

お邪魔します　恐縮してお宅に上がる気持ちを表します

失礼な様子、デリカシーに欠ける様子を非難する言葉に「土足で踏み込むような」「他人の家に土足で上がるような」という言い回しがあります。これはあくまで比喩的な表現ですが、もし実際に他人の家に土足で踏み込むような人がいたら、実に許しがたい、無礼千万な行為です。

ところが、たとえ土足でなくても人の家に行くときに遠慮をするのが、日本人の昔からの感受性です。

相手も暇ではありません。仕事なり家事なり、何かやるべきことを抱えているはずです。その邪魔をしてしまうことから、人の家に訪問することを「お邪魔する」といいます。行く側は「邪魔してやるぞ！」と思って行くわけではありませんが、自分の行動をへりくだって言うわけです。

訪問したときには「お邪魔します」、帰るときには「お邪魔しました」と言うのが定番ですが、簡略化した「お邪魔さま」という表現を使う人もいます。

余談ながら、「邪魔」という言葉はもともと、仏道修行の妨げになる邪《よこしま》な悪魔という意味です。

ごめんください

◉「ごめんなさい」をもう少し丁寧に

漢字で書くと、成り立ちがよく分かります。「御免下さい」、つまり、どうかお許しをくださいませ、という意味なのです。この成り立ちは「ごめんなさい」も同じです。

主にこの言葉を使うのは、他人の家や店を訪問したときです。扉を開けるなどして、中の様子をうかがいながら、

「ごめんくださいませ。どなたかいらっしゃいませんか」と呼びかけますね。訪問していきなり「許してください」というのも変な話ですが、お邪魔して、お騒がせしてすみません、という意味で言っているわけです。

おいとまいたします

相手を敬った別れのあいさつです

訪問先のお宅や会社から帰ること、辞去《じきょ》することをへりくだった言い方で、訪問先を敬った表現です。「失礼いたします」を少し古風に言ったものだと考えれば良いでしょう。そろそろ帰らせてもらいたいとお願いすることは、「暇乞《いとまご》い」といいます。

なお、同じ暇でも、「暇をいただく」などという場合には、主従や夫婦の縁を切って自由にしてもらう、という意味になります。「暇をやる」といえば、解雇することを指します。

ようこそ

感謝やねぎらいをこめて

もともと「良くこそ」だったものが、ウ音便になりました。「こそ」は強意の副助詞

（古文では係助詞）で、同様の表現に「よくぞ」があります。

「ようこそ（よくぞ）お運びくださいました」のように言うことで、相手が来てくれたことを称え、感謝やねぎらいの気持ちを示します。

なお、「ようこそいらっしゃいませ」などとも使う「いらっしゃいませ」も、歓迎の気持ちを表すあいさつです。こちらは、家にやってきた人に対し、「ああ、もっと中の方へいらっしゃい」などと言っていたのが、あいさつに転じたのではないかとみられます。

ご足労をおかけしました

◉ 相手の苦労を思いやり、ねぎらいます

相手を敬い、その人がわざわざ足を運んでくれたことに感謝する表現です。お願いする際に「ご足労をおかけしますが、よろしくお願いいたします」と言うこともありますし、来てもらったときに「ご足労をおかけしました。ありがとうございます」と感謝することもあります。

特に現代では、ＳＮＳやメールで気軽にやり取りができ、スマホさえあれば、簡単にテレビ電話もできてしまう時代です。あえて出かけて行くことは、昔以上に面倒に感じるという人も多いでしょう。相手に足を運んでもらった際には、きちんと遠慮や感謝の気持ちを伝えたいものです。

加えて、雨や雪が降る中、足を運んでくれた人には、「お足もとの悪い中お越しいただき、ありがとうございます」と、ねぎらいましょう。

また、遠方からわざわざ来てくれた人には、「遠路はるばるお越しいただき、恐れ入ります」とひと言添えると、より丁寧な表現になります。

お安い御用です

相手の気をラクにする言葉です

頼まれごとを引き受けるときには、気持ち良く引き受けたいものです。

中でも、相手が申し訳なさそうに頼んできたときには、「それくらい、全然苦にならないから大丈夫だよ」と言って、遠慮や恐縮を和らげてあげたいですね。そうした場合にぴったりなのが、この「お安い御用です」。ここでの「安い」は、簡単でたやすくできるという意味です。

同様に、簡単にこなせるので、気にしないで欲しいと伝える場合には、「朝飯前」「お茶の子さいさい」という表現も使うことができます。「朝飯前」は、朝ごはんを食べる前の力が出ないうちでも簡単にこなせるほど易しいこと。「お茶の子さいさい」は、お茶請《う》けとして出される菓子（お茶の子）がほとんど腹にたまらないことから、容易にできることを意味しています。

ご厄介《やっかい》になります ◉ 「お世話になります」を強めた言葉です

ビジネスでも日常会話でも、定番のあいさつの一つが「お世話になります（なっております）」です。自分を気遣って骨を折ってくれることを感謝する言葉です。

その「お世話」を少し強めた言い方が「ご厄介」だと思えば良いでしょう。お世話という言葉でも、何かと面倒をかけているニュアンスはあるのですが、ご厄介というと、さらに相手に負担をかけている感じが出ます。たとえば、

「これから、ご厄介になります。よろしくお願いいたします」

「うちの○○がそちらにご厄介になっているようで、恐れ入ります」

というように使うわけです。

また、慣用的な言い方に「警察のご厄介になる」「警察のお世話になる」があります。このフレーズは、できれば使う機会がないことを祈りたいところですね。

ご自愛《じあい》ください

別れ際や、手紙やメールの末尾に

自愛というのは、自分を大切にすること。「ご自愛ください」というのは、自分の身体を大切にするよう呼びかける表現です。

頑張り屋で、仕事に精を出し過ぎてしまう人に、「たまには休んで、身体をいたわってくださいね」という気持ちをこめて使いたいものです。

手紙では「何とぞご自愛専一に」という言い回しも使います。「専一」は「他のことを顧みず、そのことを最優先に」という意味です。

古風で奥ゆかしい言い方をするなら、「おいといください」もあります。この「厭《いと》う」は、厭《いや》な状態を避けられるように、いたわり、気を付けるという動詞です。

寒い時期や季節の変わり目には、「お風邪など召されませんように」というフレーズもぴったりですね。

なお、既に体調を崩している人、けがをしている人には、「お大事になさってください」と声をかけるのが良いでしょう。

あいにく ◉ 苦々しい気持ちをこめて口にしましょう

今では「生憎」という漢字表記もしますが、もともと古文の世界では「あや、にく（し）」でした。「あや」は「ああ」という感動詞。「にく」は、現代でも「すごっ！」「ひどっ！」と言うように、形容詞の語尾の取れた強調の形です。要は、「ああ、憎らしい！」という言葉だったのです。

物事が自分の思う通りにいかず、その事態を恨む気持ちをいうもので、「あいにくのお天気で」「課長の山田は、あいにく不在にしております」のように使います。

催し事や飲み会などに誘われて断る際に、「あいにくその日は先約がありまして」と使うのも定番の使い方です。「あいにく」を付けることで、「本当は参加したいのですが、残念ながら、その日は先約があって行けないのです。口惜しく恨めしいことです」というニュアンスが出ます。「相手の期待に応えたいのはやまやまだが、応えられず、自分としても非常に残念である」という気持ちがにじむので、断ることの拒否感・拒絶感が薄れるのです。

なお、「おあいにくさま」という形で使うこともあります。たとえば、「おあいにくさまですが、そちらは現在品切れです」というクッション言葉的な使い方があります。

さらに、皮肉、嫌味として用いる場合もあります。たとえば、「おあいにくさま。そうそう思い通りにはいきませんよ」といった場合。これは、相手の期待が外れたときに、相手の見込みが甘かったのだと皮肉っているのです。自分が「おあいにくさま」と言われたときには、相手の真意を見定める必要があるわけですね。

せっかく ◉「角を折る」から来た言葉

この言葉、漢字で書くと「折角」で、中国に由来を持つ言葉です。語源には二つの説があります。

一つ目は、『漢書』にみえるエピソードが語源だという説です。朱雲《しゅうん》という人が、五鹿《ごろく》の地に住む充宗《じゅうそう》という人と対決し、見事に打ち負かしました。そのとき、周囲が五鹿という地名にちなんで、「朱雲の強力で、鹿の角《つの》を折った」という洒落《しゃれ》で称えたのだといいます。そこから「力を尽くす」という意味で、「折角」の語ができたというのです。

二つ目は、後漢《ごかん》の時代の郭泰《かくたい》という人のエピソードがもとになっているという説です。郭泰は外出しているときに雨に降られてしまい、頭巾《ずきん》の角《かど》が折れてしまいました。当時、郭泰は皆に慕《した》われていたので、皆あえて頭巾の角を折って彼の真似をしたのだそうです（『後漢書』）。わざわざ頭巾の角を折る様子から、「わざわざ」「努めて」という意味が生まれたというわけです。

どちらの説にせよ、「わざわざ」とか「力を尽くす」とかいう意味で、行動の背景にある気持ちを表す言葉です。「せっかく来てくださったのですから、ゆっくりしていってください」「せっかくここまでやってきたのだから、中途半端にあきらめてはもったいないよ」というように、相手の動作に関して言うこともできますし、「せっかく我々も手伝ったのに、投げ出すなんて」と、自分の側の動作に関して言うこともできます。

皮肉な意味で使われる割合の高い「わざわざ」と違い、「せっかく」は一般に、肯定的なニュアンスで使われます。

折悪《あ》しく　いやー、ちょっとタイミングが悪くて……

「四季折々」という言葉があるように、「折」は時間を表す言葉です。「折悪しく」で、タイミングが悪いことをいう言葉になります。和語で表すなら、他に「間の悪いことに」という言い方もあります。

「折悪しく雨が降ってきた」という用例からもうかがわれるように、よりにもよってちょうど悪いときに起こってしまった、という無念な気持ちのにじむ言いまわしです。先約があって誘いを断るとき、電話や来客の目当ての人が不在にしていることを知らせるときなどに、心をこめて使いたい言葉です。

僭越《せんえつ》ながら　出過ぎた真似ですが、と謙遜する言葉

結婚披露宴などでスピーチをする際、出だしの常套句《じょうとうく》は「ただいまご紹介にあずかりました○○です。僭越ながら……」ですね。

この「僭越」の「僭」は身分不相応に調子に乗ることを表した漢字です。歴史用語の「僭主《せんしゅ》」(力で強引に君主の地位を奪った者)にも使われています。「越」も「越える」という字ですから、自分の立場や資格を越えてしまうことを表しています。ですから「僭越」の二字重ねで、自分の身の程をわきまえずに、出過ぎた真似をする様子を表しています。

また、「ながら」は逆接の意味を表します。「子どもながら、しっかりしている」というときと同じ使い方です。

つまり、「僭越ながら」とスピーチを始めるのは、「本来自分のような立場の低い者が、このような大きな役を務めるのは分不相応であり、そのことは自分でも重々承知しているが、ご依頼をいただいたので、精一杯務めさせてもらう」という気持ちを表現しているのですね。

他に「僭越ながら」を使うシチュエーションとしては、会議や打ち合わせの最中、目上の相手に意見するような場合が考えられます。「目上のあなたに意見するというのは、自分の身の程をわきまえない振る舞いではありますが」と断ってから意見を言うことで、失礼になることを防ぎます。

似た表現には、「恐れながら」「憚《はばか》りながら」「恐縮ながら」があります。

心ばかりの ● せめて少し気持ちが伝われば……

粗品、粗茶、粗餐《そさん》——自分の用意したものを低く言い、謙虚な姿勢を示すのは、日本人の定番のやり方です。

贈り物を「つまらないものですが」と差し出すのもよく見られる光景ですが、少々卑屈過ぎるようにも聞こえる言い方です。

そこで、代わりに取り入れたいのが、この「心ばかりの」です。「ちょっと心の一部を表しただけで、物自体は大したものではありません」という意味の言葉です。こちらも謙虚さを感じさせる表現ですが、「つまらない」よりもネガティブな印象が薄いと思いませんか。

「心ばかりの」は「好意を持っていること（あるいは、感謝していること）がほんの少しでも伝わればと思いまして、ささやかながら用意しました」という趣旨の言葉です。品物の背後に、友好や感謝の気持ちがあることがよく分かります。その人の心がこもった、温かみの感じられる言葉です。

　この言葉は、歓送迎会やお祝いの席などの幹事あいさつでもよく使われています。開宴の際には、

「このたびは〇〇を祝し、心ばかりの席をもうけました。どうぞ楽しいひとときをお過ごしください」

と言えば良いのです。

老婆心《ろうばしん》ながら ◉ 相手を思っての忠告

「老婆心ながら、そろそろそういう服装はやめた方が良いんじゃないか」

というように、人に忠告する際のクッション言葉として使います。「ながら」は「〜ではあるが」という逆接を表す言葉です。

　では、「老婆心」の方はどういう意味かというと、年をとった女性が、子や孫に対して、つい親切にし過ぎてしまう様子のことです。必要以上の世話焼きを「老婆心」といいます。

　忠告は耳に痛いもので、される側にとっては気持ちの良いものではありません。そんな

ときに「老婆心ながら」が付いていると、「あなたのためを思って言っているのだ」という気持ちや、「自分でもお節介だとは思うのだけど、あなたのことが心配だから、言わずにはいられないんだ」という気持ちが伝わります。

この言葉は性別を問わず使って構いません。用例を調べると、古くから、師匠が弟子を心配する文脈において使われています。ただし、目上の人、年上の人に対して使うことには違和感があるため、気を付けたいところです。

第二章 優美な雰囲気を醸し出す

しみじみと感じられたり、粋であったり、日本語は実に情緒豊かです。そんな優美な表現を身に付けて、「言葉のおめかし」をしてみませんか。

縁《えん》

縁は異なもの、味なもの

元は仏教用語です。「因縁《いんねん》」という言葉は皆さんもご存知でしょう。仏教は、因果応報（過去や前世の行いの善悪に応じて現在の幸・不幸の果報がある。また、現在の行為に応じて未来の果報が生ずる）という考え方を持っていますが、「因」は物事の直接的な原因、「縁」は間接的な原因を指しています。

そうした因縁から生じた、人と人との巡り合わせのことも、広く「縁」というようになりました。仏教用語だった名残《なごり》でしょうか、前世から運命づけられているような印象もあります。「これも何かの縁だから」という使い方をみると、避けられない宿命的なものだから、受け入れて、前向きに生かしていこうという精神が感じられます。特に「ご縁」という言い方をする場合、巡り合わせに感謝し、その関係を大切にしようとする気持ちがにじみ出ます。

人間関係一般に使いうる言葉ですが、特に男女の仲を意味する場合もあります。「縁は異なもの、味なもの」ということわざは、思いも寄らない組み合わせで男女が結ばれることを評して用います。

なお、神社には「良縁祈願」を謳《うた》うところと、「縁結び」を謳うところとがありますが、中にはこの二つを混同している人もいるようです。「良縁祈願」は良い縁があるように祈るわけですから、まだ運命の人と出会えていない、出会いを求める人にこそ向いています。

一方、「縁結び」は、巡り合えた縁をしっかり結ぶ、縁組みするイメージです。好きな人と付き合いたい、付き合っている人と結婚したい、という人はこちらですね。

縁に強調の助詞「し」を付けたのが「縁《えにし》」です。こちらはもっぱら、男女の仲をいうのに用いられています。

鑑《かがみ》 ◉ 鏡と鑑はどう違う？

「かがみ」の元の発音は「影見《かげみ》」で、「姿を見る」ということを表しています。

私たちも日常的に用いる鏡ですが、古くは祭具として儀式にも用いられていました。歴史の時間に、青銅《せいどう》製の銅鏡《どうきょう》について習った人も多いのではないでしょうか。儀式での使用ゆえに、大切なもの、尊いものというイメージも伴っています。

そこから意味が広がり、手本や模範となるもののこともいうようになりました。この意味のときは、「鑑」という字で書き、「彼は指導者の鑑だ」というように使います。私たちは鏡を見て身だしなみを整えるように、鑑となる人物を見て、自分の気持ちを引き締めるわけです。

鑑が動詞化した「鑑《かんが》みる」は、よく考え、自分の判断を決めることを指します。前例(鑑)などに照らし合わせて考えることを意味し、「諸般の事情を鑑み、今回は中止いたします」というように使われていきます。いい加減に軽く判断しているのではなく、じっくり考えた結果である、という真摯《しんし》な印象を与えるため、延期・中止などの決断を報告する際によく使われています。

禊《みそぎ》

あなたも寺社で必ずやっているはず

日本では古来、神道《しんとう》が信仰されてきました。神道では、血や死などの穢《けが》れを嫌います。そうした穢れや心身の罪を水で洗い清めるのが「禊」です。語源は、「水そそぎ」であるとも、「身すすぎ」であるともいわれますが、定かではありません。「祓《はらえ》」ともいい、中世以降は、「水垢離《みずごり》」ともいわれます。

百人一首十八番にも、

風そよぐ楢の小川の夕暮れは禊ぞ夏のしるしなりける　従二位家隆《じゅにいいえたか》

という和歌があります。「この小川では、夕暮れ時になると、涼しげな風が吹いて楢《なら》の木の葉を揺らす。もはや秋の気配が漂い始めているが、その中にあって、六月祓《みなづきはらえ》の禊の行事だけが、夏の証なのだなぁ」という和歌です。六月祓というのは、一年の前半が終わる六月三十日に、半年分の穢れを洗い流すための禊でした。このように、禊は生活の中に取り入れられてきたのです。

今日でも、神社や寺院の入り口の手水舎《ちょうずや》で、手や口を洗い清めてから入る風習に、その名残をみることができます。

政治ニュースを見ていると、「あの議員も、今回再選したことで、禊を済ませたといえるだろう」といった表現がみられます。これは、スキャンダルのあった政治家や芸能人が、選挙を勝ち抜いたり、一定の時を置いたりすることによって、罪のイメージを払拭《ふっしょく》したことをいいます。

志

◉元は「愛情」の意味でした

今では「志」という字を書くのが普通ですが、古文では、「心ざし」という書き方で出てきます。文字通り、心がある方向を指している様子を表し、恋人や家族に対する愛情のことも意味しました。

心の向きの矢印が上を向いているイメージなのが、今日の志の使い方です。心に決めた目標や野望、社会的なプロジェクトに懸《か》ける気持ちを表します。「志を高く持つ」「志を遂げる」のように使用し、個人的な欲望や反道徳的な野心をいうときには使いません。「一攫千金をもくろんだ彼の志は叶わなかった」という使い方には違和感がありますね。

なお、同じ目標を持つ人を「同志」「志を同じくする仲間」といったり、元の意味に近い、「相手のためを思う気持ち。厚意」という意味もあります。相手の厚意に関し、「せっかくの志を無にするようで、心苦しいのですが」「あたたかいお志に感謝いたします」と使います。

また、お世話になっている人に対する感謝の気持ちも、志といいます。お礼の金品を差し出す際に「ほんの志ですが、お納めください」と言うのを聞いたことがあるのではないでしょうか。さらに謙遜の姿勢を強めた熟語で「寸志《すんし》」と用いることも多いです。口頭ではあまり使用せず、贈り物や謝礼金ののし紙の上によく書かれる言葉です。時と場合に応じて、志と寸志を使い分けてみましょう。

琴線《きんせん》 ◉ 人の心を楽器にたとえた美しい言葉

基本的には「（心の）琴線に触れる」という慣用句の形で使用します。琴線はこの場合、心の奥にある、物事に感動したり共鳴したりする繊細な感受性のことを指します。

優れた芸術作品やパフォーマンス、名文句などが心を揺さぶったときに「彼の演奏が、心の琴線に触れた」のように言うわけです。

形の似ている「逆鱗《げきりん》に触れる」と混同される例がみられます。「逆鱗に触れる」は、竜のあごの下にある逆鱗（逆さまに生えた鱗《うろこ》）に触れると、それまでおとなしかった竜が暴れ出して、その人は殺されてしまう、という伝説からできた言葉です。目上の人に逆らって激怒される様子をいうもので、意味は大きく異なります。

愛嬌《あいきょう》

「愛想」とは少し違います

にこやかで親しみやすく、可愛らしい様子をいいます。古くは「愛敬」と書く例もみられます。

「愛嬌が（の）ある」と評した場合、客観的に見た外見の美醜《びしゅう》ではなく、人に好ましさを感じさせる様子があることをいっています。内面の無邪気な可愛らしさが表にあらわれ、辺りにこぼれているような感じです。愛嬌のある子どもや若い人は、つい周囲も可愛がりたくなるものですね。

「愛嬌を振りまく」という形で使われることも多いです。なお、「愛想を良くする」と混同し、「愛想を振りまく」と言う人がいますが、これは誤用です。愛想は意図的に出すものので、自然とこぼれるような愛嬌とは少しニュアンスが違うのです。

逢瀬《おうせ》

◉ロマンティックで奥ゆかしい言い方です

古典の世界では、単に「逢《あ》ふ」というだけで、男女が逢い、親しく時を過ごすことを暗示する場合がありました。「逢瀬」も男女の逢う機会をいい、デートや逢引《あいびき》というよりも、美しい印象を与える言葉です。

遠距離恋愛であったり、互いに仕事が忙しかったりする場合、久々に逢える機会があることを「逢瀬が叶う」と表現してみてはいかがでしょうか。まるで、彦星と織姫のように、待ち焦がれた対面であることが伝わってくるようです。

刹那《せつな》

◉「殺那」と書かないように注意

元は仏教用語で、時間の最小単位を意味する「クシャナ（ksana）」を当て字で表した（音訳した）ものです。「目が合う。その刹那に恋に落ちた」というように、「瞬間」と同じような使い方をします。

時間の短いことが非常に強調された表現で、「刹那的」「刹那主義」という派生語があります。これは、過去や将来のことを考慮に入れず、ひたすらに現在の目の前にある感情や生活上の快楽を追い求めようとするあり方を指しています。長期的視野のない享楽的生活を非難する言葉です。

悠久《ゆうきゅう》

人間がちっぽけに感じるような、壮大な言葉

「悠」という字の訓読みは「はるか」です。時間的にも空間的にも、どこまでも続く様子を表しています。それと、時間的に長く続く「久」の字が合わさってできた言葉が「悠久」です。

遠い過去から遠い未来まで、果てしなく続いている様子を意味します。「悠久の歴史」「悠久の大自然」などと使われるように、ゆったりとして、スケールの大きな印象がありますね。

同様に、ずっと続く様子をいうには、「とこしえに」「永久《とわ》に」「幾久《いくひさ》しく」という言い方もあります。これらは、結婚披露宴のスピーチでよく聞く言葉ですね。

冥利《みょうり》

◉ 冥は「冥《くら》い」と読んで、「陰ながら」の意です

もともとは仏教の言葉です。知らず知らずのうちに（冥）受ける、仏様のご利益のことでした。そこから意味が広がり、自分の身に訪れる恵み、幸せを感謝していう言葉になりました。

だいたい「◯◯冥利に尽きる」という慣用句で用いられますが、この場合、◯◯には職業・役割の名前が入ります。その立場によって受けられる恩恵や喜びが多いとき、それをありがたがって言います。やり甲斐を感じた場面、この仕事をやっていて良かったと思えた場面で使いましょう。

私は塾などで講師をしていますが、「講師冥利に尽きる」といえばやはり、生徒の成長をしみじみ実感できたときや、生徒・保護者から感謝の言葉をかけてもらったときですね。

いぶし銀

◉直接その人に言うと、怒らせてしまう場合もあります

銀は普通、光沢のある白い金属ですが、その表面を燻《いぶ》す（硫黄のすすで曇りを付ける）と、濃い灰色に変わります。また、手入れをしないで銀製品を長年放っておくと、黒ずんでしまうことがあります。そうして濃い灰色に変化した状態の銀を、「いぶし銀」と呼ぶのです。

現在では、一見すると地味であるものの、実力や魅力を持っている人を評するのに使われています。地味で渋い印象や、銀が経年変化で黒ずむ点から、ベテランの人を褒めるときに使われることが多いです。たとえば、脇役で良い味を出す俳優に対し、「いぶし銀の演技」といいます。褒め言葉として用いる表現ですが、「地味である」「若さがない」というニュアンスも含んでいますから、相手に直接言うことは避けた方が良いでしょう。

お墨付き

◉ペットでいう「血統書付き」の状態!?

私たちは今日、正式な書類に印鑑を押します。しかし昔は、印鑑の代わりに花押《かおう》というものが使われていました。

花押は、平安時代中期から用いられるようになったサインのようなもの。貴族や武士は、自分の名前を草書《そうしょ》で書いたものをさらに崩して図案化していました。その独特の図案はなかなか他者が真似できません。そこで、花押が本人の証拠として用いられたのです。

花押は墨で書きますので、花押のほどこされた保証書がある状態を「お墨付き」と呼ぶようになりました。今日では花押は使われていませんが、「ミシュランのお墨付きを得たレストラン」「部長のお墨付きの企画だ」というように、権威のある存在に認められたときに、お墨付きという表現を使用しています。

類似表現に「折り紙付き」があります。この「折り紙」は、色紙や千代紙を折って遊ぶことではなく、鑑定結果を証明する書類のことです。証明書が付くほど、価値や力量などがしっかりしていることをいいます。

なお、「札付き」になると、雰囲気が大きく変わります。江戸時代、素行の悪い者がいた場合、人別帳《にんべつ》（戸籍のような名簿）にあらかじめ札を付けてマークしたことからできた言葉です。悪い評判が世に知れ渡っていることで、「札付きのワル」「札付きの不良」というように、悪い者を評するときにしか使いません。

面影《おもかげ》

この「影」には暗さはありません

「影」という語には、さまざまな意味があります。根本にあるイメージは、人に光が当たっている様子。また、その光自体を指す使い方（たとえば、月影は月光）、地面にできる影を指す使い方があります。

そして、浮かび上がるシルエットのことを指す使い方もあります。「人影」「影も形もない」などと使いますが、「面影」の場合もこの使い方です。

人の顔形のことですが、どちらかというと目の前にいない人の顔形をいう言葉で、「あの人の面影が忘れられない」と追憶にふける使い方が多いです。「親子だけあって、○○さんには、亡きお父さんの面影があるね」と、遠くにいる人や亡くなった人などを思い出させる顔形のことを指して使うこともあります。この場合には、「面差《おもざ》し」という語もよく使われます。

また、「面影の人」という表現もあります。それは、いつまでも面影が懐かしく思い出される、慕わしい人のことです。

なお、この言葉、漢字では「俤」という一字で書き表すこともあります。これは、国字（日本で発明された漢字）で、弟の顔立ちには兄の面影が感じられることから作られた文字です。

夢うつつ ◉ 「うつつ」はボーッとした状態ではありません

現実の「現」の字の訓読みは「うつつ」です。つまり、「夢うつつ」というのは、夢と現実ということなのです。そこで、夢と現実の境界があいまいになった、意識のおぼろげな状態のことを夢うつつというようになりました。そうしたぼんやりとした様子を指して「夢見心地」という場合もあります。

したがって、「うつつ」という語単独で、ボーッとしているという意味があるわけではありません。

実際、「うつつを抜かす」という慣用句は、仕事などの現実生活で取り組むべきことを抜かして、恋愛や遊びにふけっている様子を表します。

乙《おつ》な

甲乙つけがたいの「乙」ではありません

「なかなか乙な味ですね」など、通り一遍《いっぺん》のものではない、しゃれた良さを褒めるときに使う言葉で、邦楽に由来するという説が有力です。

「甲《かん》」に対し、一段低いのが「乙」と呼ばれる音。そのしんみりした低音が、甲とは違う面白味を持っていることから、普通と違うしゃれた様子を表す言葉になったのではないかとみられています。

おめかし

華やぐ気持ちが感じられるようです

柳田國男《やなぎたくにお》らの民俗学の研究によると、日本人が伝統的に持っている感覚に、「晴れ」と「褻《け》」とがあるそうです。祭りや儀礼などの特別な機会である「晴れ」と、日常的な生活である「褻」とを区別する意識です。今日でも、「晴れの舞台」という使われ方に、その意識が感じられます。晴れの日には「晴れ着」を着るなど、特別なおしゃれをして臨むものでした。

きれいに装い飾ること、張り切って化粧などの身繕《みづくろ》いをすることをいう「おめかし」もそうした特別さを感じさせます。パーティーやデートなど、特別な晴れの機会のために、気合いを入れて準備をする「おめかし」の語からは、そんなうきうきと弾む高揚感が伝わってくるようです。

動詞で「めかし込む」という言い方もあります。これは、「今日はずいぶんとめかし込んでいるじゃないか」などと使った場合、少しからかうような気持ちも含んでいます。

余談ですが、日本人は、外と内とを区別してとらえる民族であるようです。社会と個人という西洋的な構図とは少し違い、「身内」と「よそ様」とが対比されるのです。身近な家族や親しい近所の人といった内輪《うちわ》の仲間と、他の村に住むような赤の他人とを区別する感覚ですね。そこで生まれたのが、よそへ出かけるときには、あらたまった格好をするという趣旨の「よそ行き」という言葉です。

いでたち ◉家でごろごろするときの格好には使えません

漢字で「出で立ち」と書くことから分かるように、元は、旅立ちや出陣など、家を出てどこかに行くことをいう言葉です。加えて、そのときのちょっと特別な身ごしらえのことも、「いでたち」というようになりました。

「派手ないでたちで登場する」というように、わざわざこしらえた感じの外出着を指して使うのが一般的です。

はなむけ ◉「花向け」ではありません

一般的にはひらがな表記が多いかと思いますが、漢字で書く場合には、「餞」あるいは「鼻向け」と書きます。

この言葉、元は「馬の鼻向け」といいました。古代、旅立つ人の道中の無事を願って行われていたおまじないのことです。馬の鼻を目的地の方角に向けることにより、安全に目的地まで到着することを願っていたのです。

そこから意味が広がり、旅立つ人の門出《かどで》を祝って激励する壮行会・送別会のような宴席や、その際に贈られる金品や言葉などのことも「はなむけ」と呼ぶようになりました。それが次第に「餞別《せんべつ》」の「餞」の字で表記されるようになっていったわけです。

送別会の誘いに「このたび栄転されるAさんのために、はなむけとして一席もうけたいと存じます」という風に織り込んだり、餞別の品に「ささやかなものですが、せめてものはなむけに」とひと言添えて渡したりすると、しゃれた大人の雰囲気を出せるでしょう。

なお、相手の無事を祈るおまじないが語源なのですから、相手の前途が明るいものであるよう祈って用意するのがはなむけです。宴席や別れの手紙においては、別れることの寂しさにふれつつも、あまり湿っぽくなり過ぎないようにしましょう。あくまで、さわやかに前向きに送り出せるようにしたいものです。

もてなす ◉ 「お・も・て・な・し」であらためて脚光を浴びています

「もて」は、動詞の前に付いて、意味を強めたり語調を整えたりするために用いるものです。「なす」は何かをすること全般を表す動詞で、「もてなす」とする場合には、あれこれ気を遣い、他人のために意図的に物事を行う様子を表しています。

わざわざ何かをしてあげるという言葉なのですが、押し付けがましく行うことはせず、義務感よりも自然な思いからもてなしをするあたりに、日本人の国民性があるのではないでしょうか。

たとえば、「手料理でもてなす」というように、ご馳走を用意するなどして、心をこめて迎える様子を表します。

上座《かみざ》・下座《しもざ》

どこが上座か、分かりますか？

室内や車内、さらにはエレベーターの中まで、立場や年齢を踏まえた望ましい席次・席順というものが存在します。堅苦しいと感じる人も多いでしょうが、それは、法律のようなルールというよりは、席の場所という形で敬意を表現しようという、こまやかな心遣いであると理解すると良いでしょう。

たとえば、タクシーの中では、運転席の後ろが上座、助手席が最も下座です。エレベーターでは奥が上座で、操作盤の前が最も下座です。そして、応接室やレストランの場合、部屋の入り口から遠い方が上座とされています。テーブルが三人掛けなら、中央が上座です。ただし、会食の会場に窓があって、そこから街並みや庭などが眺められる場合には、たとえ入口側であっても、景色がよく見える方が上座であるとされます。このことからも、上座・下座の考え方は、厳格なルールというよりはおもてなしの心なのだということが分かります。

上座・下座と似た響きの言葉に、芝居用語の「上手《かみて》」「下手《しもて》」というのがあります。客席から見て舞台右側を上手、左側を下手といいます。舞台上の演者は向きがまちまちで、左・右で指示を出すと混乱してしまうため、固定的な言い方として上手・下手という呼び方が生まれました。

阿吽《あうん》の呼吸

◉ 餅つきの、杵《きね》でつく役と手水《てみず》の役のように

もともと「阿」は吐く息のこと、「吽」は吸う息のことで、「阿吽」というのは、呼吸の出入りを指す言葉でした。今では、二人以上の人が息を合わせて物事を行う様子をいうの

に使われています。ちょっとした物事の間がぴったりと合う、絶妙なチームワークのことです。長年仕事をともにしている相棒、仲の良い夫婦などに使われます。

阿吽は仏教用語でもあります。真言宗などの密教では、「阿」が万物の始まり、「吽」が万物の終わり、究極を意味すると考えられています。寺院の狛犬《こまいぬ》像や仁王《におう》像で、口を開いて息を吐き出している阿形《あぎょう》と、口を閉じた吽形《うんぎょう》の二体が対になって置かれているのを見たことがあるのではないでしょうか。

杞憂《きゆう》　それは心配し過ぎ

もともと中国の言葉でした。古代、杞《き》という国があったのですが、その国に心配症な人がいて、「天が落ちて来るのではないか」と憂《うれ》い、不安で食事も喉を通らなかったのだそうです。その『列子《れっし》』に記《しる》された故事から、心配し過ぎること、心配する必要のないことを心配することをいいます。

たとえば、マイナス思考で悩み過ぎている友人を落ち着かせようとするとき、「それは杞憂だ」「杞憂に過ぎない」と声をかけます。また、懸念されていた出来事が起きなかったときに、「(心配は) 杞憂に終わった」と言うこともあります。

類義語に、悪い方に転ぶのではないかとしきりに心配することをいう「取り越し苦労」があります。

白羽の矢が立つ

◉ 数ある中から選ばれる名誉なこと

元は悪い文脈で用いる言葉でした。というのも、神様が生け贄《いにえ》を要求する際、該当者の住む家の屋根に白い矢羽《やばね》の矢を立てると信じられていたからです。生け贄になる、というぐらいですから、本来はつらい役が回ってくる、という意味の表現だったのです。

しかし、こうした由来が忘れられ、良い意味で使われることが増えました。現在ではもっぱら、名誉な役割に選ばれる、抜擢される、という趣旨で使われています。

たとえば、就任のあいさつで、「〇〇さんがご勇退なさるということで、大学の後輩の私に白羽の矢が立ったというわけです」のように用いることがあります。

なお、「白羽の矢が当たる」と間違えないようご注意を。

折り目正しい

◉けじめのついた、きちんとした様子です

「折り目」は文字通り、物を折りたたんでできる境界線のことです。時間的な区切りのこともいいます。そこから、区切りがきちんとついている、けじめのある振る舞い、人柄のことも指すようになりました。行儀作法を守る、ぴりっとした雰囲気です。

倦《う》まず弛《たゆ》まず

◉こつこつ努力する様子です

「倦む」は同じ状態が続いて飽きて嫌になること、「弛む」は気が緩んで油断することです。つまり、「倦まず弛まず」で長期間、飽きずに油断せずに、こつこつ努力を続ける様子のことをいいます。「弛む」の方だけを用いて、「たゆまぬ努力を続ける」という言い方もあります。近い表現には「愚直に」「粘り強く」などがあります。

さすが◉「すごい！」と褒めるのと何が違う？

漢字で「流石」と書くこともありますが、これは当て字です。「さ」の音は、指示語であると考えられます。指示語の「さ」が入っていることから分かるように、それまでの文脈を踏まえた表現です。

「に」を付けた「さすがに」は、「参加したいのはやまやまですが、さすがに私もこの年ですから」というように使われますが、これは、自分の年齢という既に知られている情報を踏まえた上で、やはり難しいということを伝えているのです。それまでの文脈を踏まえて「やはり」と事態を受け止めるのが、「さすが（に）」という言葉のニュアンスなのです。

ですから、褒めるときに「さすが！」と言う場合も、単に「すごい！」と褒めているだけではありません。「その人の実力なら当然そうなるだろうけれど、やはり、実際にやり遂げるとすごいものだ」という気持ちがこめられているのです。

その場だけのことを褒めているのではなく、その人の前々からの実力を認めている褒め言葉になり、それだけ深みのある言葉になるのです。

さぞ

単なる強調ではありません

現代語では「こそあど言葉」といって、「これ・この・こう」「それ・その・そう」「あれ・あの・ああ」あたりが、指示語として使われていますが、古文の場合、指示語としてよく見かけるのが「さ」です。現代語では話題転換の接続語として用いられている「さて」も、元は「そうして」という意味の言葉です。

「さぞ」は、指示語「さ」に、強調の係助詞「ぞ」を付けたものです。そもそもは、「そんなにも」「それほどまで」といった意味を持ちます。

そこから、他者の状態や心情を推測し、そのはなはだしいありように同情したり感心したりするような言葉になりました。「さぞおつらいことでしょう」「お嬢さんも、さぞおきれいになったことでしょうね」のように使うと、その人に寄り添っているようなニュアンスが出る点が、「とても」などとは違うところです。さらに強調した言いまわしが「さぞや」「さぞかし」になります。

おいそれと ◉ おいそれと応じると、後々悔やむことに……

「おい」という呼びかけに「それ」と応える、ということからできた言葉です。頼まれたことに応じて、簡単に事をする様子を表しています。

今日ではもっぱら、打ち消しの語を伴って使われます。「そんな大金、おいそれと用意できるはずがない」「帰れと言われて、おいそれと帰るわけにもいかない」というように、簡単にはできない様子をいうのに使われます。他に、軽率に事に乗っかることを、「ひょいひょい」「軽軽に」「軽々しく」といいます。

紡《つむ》ぐ ◉ 糸へんが付く通り、元は紡糸《ぼうし》を指す語です

綿《わた》や繭《まゆ》を錘《つむ》にかけ、繊維を引き出し、それを数本より合わせて糸にする作業のことを、「紡ぐ」といいます。

また、糸を紡ぎ出していく、その長くつながっていく感じからイメージを広げ、言葉を

重ねて文章を作ることも、「紡ぐ」と表現することがあります。特に、詩歌《しいか》や小説などの文学作品を書く際に用いられることが多いです。同じく、元は繕《つくろ》ったり結んだりすることを意味する「綴《つづ》る」も文章を書くときに使われますね。

したためる ◉「食事をする」という意味もあります

漢字変換は「認める」。元は準備をしたり、整理・処理をしたりすることを広くいう言葉でした。そこから、土地や財産などの処理には書状が使われますから、書くこと自体も、したためるというようになっていきました。「手紙をしたためる」「一筆したためる」などと言うと、古風で上品な感じがするものです。

朗《ほが》らか ◉場を明るくする光

『古今和歌集』に次のような歌があります。

東雲《しののめ》のほがらほがらと明けゆけばおのがきぬぎぬなるぞ悲しき　読人知らず
（明け方、空がだんだんと晴れやかに明けてゆくと、それぞれが自分の衣を着て離れ離れになるのが悲しい）

通い婚の夫婦生活なのでしょうか、お忍びの恋人同士なのでしょうか。明け方、男は女のもとから帰らなくてはなりません。だんだんと明けゆく空の明るさが、かえって離れ離れになる二人の悲しさを際立たせるような感じのする歌です。

私がこの歌を好きなのは、東の空が明け始める様子を表す「東雲」という言葉と、空が明るく晴れ渡ってゆく様子を表した「ほがらほがらと」という言葉に、美しい情緒を感じるからです。そしてこの「ほがら」はもちろん、現代の「朗らか」に通じる語です。

「朗らか」というのは、曇りなく晴れやかなさま、日ざしが明るく空が晴れ渡っているさま。「朗らかな春の日」のように使います。

そこから転じて、人の気持ちや性格が明るく楽しげな様子であることも表します。私たちは、朗らかなお天気を愛するように、朗らかな人柄の人を愛します。朗らかな人はまるで太陽のよう。その人がいるだけで、場が明るくなりますね。

同じ漢字を音読みすれば「朗朗と《ろうろう》」という言葉ができます。声が澄んで、はっきりと聞こえる様子。朗々としたスピーチは気持ちの良いものです。

たおやか

しなしなと優美なものごし

「たお」の元になったのは、「撓《たわ》む」だとみられています。枝がたわむように、やわらかで、しなやかな感じを表しています。「〜やか」は「雅やか」「爽やか」などと同じ接尾語です。

主に女性のものごしや態度をいうのに使われ、しっとりと優しく、おだやかな雰囲気を表します。

たおやかな女性を意味する「手弱女《たおやめ》」という言葉もあります。対義語は「益荒男《ますらお》」です。江戸時代の国学者、賀茂真淵《かものまぶち》は、『万葉集』の和歌を「益荒男ぶり」、『古今和歌集』以降の和歌を「手弱女ぶり」と名付けています。

あでやか

◉ おおもとの語源は「貴《あて》」でした

古語で、高貴な人を指す言葉として「やむごとなし」とともによく使われたのが「あてなり」でした。漢字は「貴なり」。家柄が良く、上品な様子を表す言葉でした。ただ、同じ貴族といっても、藤原道長のような権勢を極めた人もいれば、庶民的な暮らしをした人もいます。そこで「あてなり」だけでなく、少し程度の落ちる「あてやかなり」、その下の「あてはかなり」などの言葉も生まれました。

この「あてやかなり」が転じて、今日の「あでやか」になっています。今は「艶やか」という字を当てることが多いようですが、おおもとは「貴」ですから、容姿や態度が上品で美しい様子をいう言葉です。

たとえば、「あでやかな着物姿」という使い方があります。この場合も、本来は気品ある魅力をいうのですが、成人式などで、派手な柄の振袖を着る人が増えている中で、「華やかな」「派手な」の意味だと誤解している人もいるようです。

奥ゆかしい

上品な、心惹かれる様子をいいます

この言葉を知るためにはまず、「ゆかし」という言葉をおさえる必要があります。「ゆかし」は、近くに行きたい、という気持ちから生まれた言葉です。近くに行って、もっとじっくりと見たい、聞きたい、知りたいという気持ちです。

それが心の中を表す「奥」と結び付いてできたのが「奥ゆかしい」です。素敵な人に出会い、その人の心の中を知りたいと思う気持ちを表します。もちろん、下世話な好奇心ではなく、その人の上品な魅力に心惹かれるさまをいう言葉でした。

薄っぺらい人間には、奥はありませんね。ですから、奥ゆかしいというのは、その人の人柄や教養に深みがあることも示す言葉といえます。

第三章 ● 切なる気持ちを伝える

恋、人情、慈悲・慈愛――。誰もが抱く切なる気持ちは、昔も今も変わらぬもの。本章でとりあげる言葉は、複雑で切実な気持ちを言い当てた、日本人の想いの結晶といえるでしょう。

恋

逢えない時間に想いは募ります

日本語の語彙をみていると、主体的・意識的に愛するという方向性の言葉は、どうも近代より前には無いようです。おのずと気持ちが惹かれていく、心が引っ張られていく、という感じの言葉ばかりなのです。しかし、恋とはたいていそういうものかもしれません。

そもそもの「恋」という言葉もそうです。「恋う」というのは「乞う」という言葉に通じるニュアンスを持つ言葉です。厳密には少し発音が違ったようですが、足りないもの、欠けているものを求めるような感覚ですね。

一緒になりたいのに、受け入れてもらえない。そんな片想いの恋もあるでしょう。一緒にいたいのに、なかなか逢えない。そんな苦しい境遇の恋もあるでしょう。古代では、夫婦や恋人が同居しないことも多くありましたので、離れて眠る夜に寂しさを噛みしめることもあったでしょう。

いずれにせよ、心が満たされず、相手を追い求める切実な気持ちが恋なのです。

まだ平仮名のない時代で、当て字などをして漢字ですべての歌を表記している『万葉集』を見ていると、「恋」には「古非」や「古比」などの字が当てられていますが、その中に「孤悲」という字もあります。これは言い得て妙です。恋とはまさに、一人の時間に悲しく、愛しく、相手のことを追い求める気持ちなのですから。

なお、古文の時代には「かなし」は、悲しいだけではなく、胸が苦しくなるほどに人を愛おしく思うという意味も持ち合わせていました。

高嶺《たかね》の花 ◉ 「高値の花」ではありません

高嶺とは、高い峰、高い山のいただきのこと。そのようなところに桜などの花が咲いていても、遠くから見るしかなく、なかなか手に入れることはできません。そこで、憧れるだけで、自分には程遠いもののことを「高嶺の花」というようになりました。

現代では、花という言葉に女性のイメージを重ねて、なかなか手の届かないような、絶世の美女やアイドル的存在のことをいう表現になっています。

みだれ髪

◉和歌から連なる、恋の官能的なイメージ

浪漫派の歌人・与謝野晶子《よさのあきこ》（一八七八―一九四二）の第一歌集が『みだれ髪』という名前であるのは、国語あるいは社会の授業で習ったことがあるのではないでしょうか。

この歌集に次のような歌が入っています。

くろ髪の千《ち》すじの髪のみだれ髪かつおもひみだれおもいみだるる

黒髪の乱れに、恋に揺さぶられる我が心を重ねて詠《よ》んだ一首です。晶子は与謝野鉄幹《てっかん》という男性と結婚しましたが、彼女が鉄幹と出会ったとき、彼には他に妻子がありました。それでも想いを貫き、恋を成就させ、彼の子を十二人も産んだのが晶子です。その情熱的な恋心がよく表れた短歌だと思います。

実はこの短歌の背景には、古代から続く黒髪の和歌の伝統があります。晶子は古歌にも通じていましたので、そうした伝統を踏まえて作歌《さっか》したことと思います。有名な歌を二首

紹介しましょう。

黒髪のみだれもしらずうちふせばまづかきやりし人ぞ恋しき　和泉式部《いずみしきぶ》
（黒髪が乱れるのも構わず横になっていると、何よりも、この髪を手でかきやったあの人のことが恋しくてたまりません）

長からむ心も知らず黒髪のみだれて今朝は物をこそ思へ　待賢門院堀河《たいけんもんいんのほりかわ》
（あなたが末永く私を想ってくれるのかどうか分からない。黒髪が乱れるように、私の心も乱れながら、今朝は物思いにふけっています）

こうした和歌の伝統の中で、「みだれ髪」は恋のモチーフになったのでした。

思案の外《ほか》 ◉ 恋は理屈抜きの厄介なものでした

歌舞伎を見ていると、しばしば「（恋は）思案の外」という台詞に出会います。

思案とはよく考えること、あれこれ思いを巡らせること。理性的に考えれば、やめておいた方が良いのは簡単に分かりそうなものなのに、恋してはいけない相手に恋したり、不《ふ》義密通《ぎみっつう》（不倫）の関係がやめられなかったりするのが、恋愛というものなのですね。

歌舞伎では、思案の外の恋に落ちた二人が心中を図ったり、初心《うぶ》な若者が恋煩《こいわずら》いで寝込んでしまったりします。遊女に夢中になって財産を注ぎ込んでしまう男性もいれば、恋のために家族を裏切ったり自らの命を捨てたりする女性もいます。中には、嫉妬や恨みのあまり、恋敵《こいがたき》や恋人本人を殺してしまう人もいます。

現代ではさすがにそこまでの暴走は少ないでしょうが、恋が思案の外であるのは相変わらずですね。

恋水《こいみず》

誤写から生まれたロマンティックな言葉

恋水というのは、涙のこと。きれいな言葉ですね。この言葉の起こりは、『万葉集』の和歌です。

わが袂《たもと》まかむと思はむ丈夫《ますらお》は変水《をちみず》求め白髪生《お》ひにたり　娘子《をとめ》
（私とともに寝たいと思う男性は、若返りの薬を探し求めているうちに白髪になったのですねぇ）

白髪生《お》ふる事は思わず変水はかにもかくにも求めて行かむ　佐伯宿禰赤麻呂《さへきのすくねあかまろ》
（白髪が生えたことは気にはしません。でも変水をとにもかくにも探しに行ってきましょう）

シチュエーションとしては、白髪頭のおじさんが、若い女性に求婚しているという場面です。最初の歌、娘子の方は何ともそっけない反応です。それで赤麻呂も、少なくともこの機会に関してはあきらめて退散したようです。

この和歌に登場している「変水」は、若返りの薬のことですが、この単語を書き写すときに、誰かが「恋水」と誤ってしまいました。そこからこの「恋水」という言葉が生まれました。誤記ではありますが、冷たくされた赤麻呂はきっと、娘子を想って恋水（涙）を流したでしょうから、意味としてあながち遠くないのかもしれません。

首ったけ

深みにはまり込んでしまうこと

マドンナが一九八五年にリリースした「Crazy For You」という歌があります。この歌を知ったとき、英語では相手に夢中になることをそのように表現するのだなぁ、と感動しました。

日本語で近い言葉は何だろう、と考えたときに思い浮かぶのが、「首ったけ」です。異性に惚れ込んで、その恋心にすっかり支配されてしまう状態をいう言葉です。きっと、意味としては「crazy for（about）you」に近いと思うのですが、由来が面白い言葉です。

漢字で書くと「首っ丈」ですが、文字通り、足もとから首の辺りまではまり込んでしまうという意味です。深みにはまってしまった心理状態をよく表した言い方ですね。

似た言い回しには「（恋に）溺れる」があります。

以心伝心《いしんでんしん》

テレパシーのように通じ合う気持ち

もともと仏教の禅宗での用語です。仏教の教えの中には、言葉や文字で表しえないものがあります。その仏法の神髄《しんずい》を師から弟子に伝えるとき、心から心に伝えるのだといいます。それが、心を以《もっ》て心に伝える、以心伝心の元の意味です。

現在、一般的には、言葉を交わさなくても、心が自然に通じ合うこと、気持ちが通い合っていて、わざわざ言葉にしなくても良いことという意味で使われています。

戦前の一時期には、親などの決めた縁談やお見合いではない、自由な恋愛でカップルや夫婦になった人たちのことを「以心伝心」ということがあったそうです。仏教用語から始まった四字熟語が、そのようなところに着地するというのも面白いですね。

とても親しく、互いによく理解し合った様子を表す言葉ですから、類語としては、「阿吽の呼吸」や「つうかあの仲」などが挙げられるでしょう。

円満 ◉ おだやかに満ち足りている様子をいいます

現在「夫婦円満」「話が円満にまとまる」というように使われているこの言葉ですが、元は、仏教の用語で、功徳《くどく》などが十分に満ち足りている様子、願いなどが十分に満たされる様子を意味していました。禅には「円相図」という絵のジャンルがありますが、一筆で円を描いた中に、悟りや宇宙が象徴的に表現されるものだといわれています。

そうした仏教用語の「円満」から意味が広がっていったのが、現代の「円満」です。「円満な相好」（顔がまるい様子）のように、欠けることなく円《まる》く満ちている様子を意味する他、物事が角立たず、おだやかに満ち足りている様子を表します。

素敵

人の持ち物などを褒めるのに便利な言葉

「すばらしい」の「す」に「的」を付けてできた言葉だとみられています。ですから、元はといえば、「すばらしいって感じ」という口語的なニュアンスの言葉だったのです。江戸時代の終わりにでき、昭和以降に「素敵」という当て字が定着しました。

「良い」や「すばらしい」という語は、物の程度の良し悪しを客観的に評価するような言葉です。他人を評価するのは、上から目線の行為だと感じられることがあります。「それ、良いですね！」と褒めたときに、相手を評価するように聞こえて、ムッとされてしまうケースもあるのです（こちらとしては良かれと思って褒めているのですが……）。

そうしたときに便利なのが「素敵ですね」という言い方です。「素敵だ」というのは、「良い」「すばらしい」よりも、少し主観的な印象を与える単語です。そのため、評論家のように評価を下しているのではなく、個人的な感想を正直に述べているという感じになり、嫌味な印象を与えにくいのです。

憎からず ◉ はっきりと好きだと言わない日本人

この「憎からず」は、好き、愛しく思う、という意味の言葉です。「彼はどうも彼女のことを憎からず思っているようだ」と言えば、「彼はどうも彼女を好きらしい」という意味です。憎くはない、ということで、好き、という意味になるわけですが、現代人の感覚からすると、少し回りくどい言い方ですね。

実は、日本語の伝統的な語彙には「好きだ！」と積極的に愛情を表現する語彙がほとんどないという特徴があります。

確かに、恋の和歌は数多く詠まれているのですが、それらも、好きだ、好きだと詠むのではありません。たいていは「あなたのことを思うと涙が止まらない」とか、「逢えなくてつらい」という表現で、恋情《れんじょう》の強さを訴えるのです。

慈《いつく》しむ

もともとは「うつくし」と通じる言葉

古今異義語の古語で、「うつくし」という言葉があります。現代では「美しい」という言葉からは、「可愛い」とは違う雰囲気の、凛《りん》とした気高《けだか》い美しさを想像します。しかし、昔の「うつくし」は、小さくて可愛らしいものを指す言葉でした。子どもや小さい生き物などが「うつくし」に該当したのです。

そうした小さくて可愛らしい存在を、愛おしく大切に思う気持ちが「うつくしむ」といわれました。その発音が変わってできたのが「いつくしむ」です。

大切にするという意味ですが、子が親を大切にするような場合には使いません。親が子を、年長者が年少者を、人がペットを、あるいは、神仏が人間たちを見守るような、あたたかいまなざしのことを「慈しむ」というのです。

もったいない

節約というよりは尊重を意味します

人や物を惜しむ様子をいう言葉ですが、けち臭い、しみったれた言葉ではありません。

「まだ使えるのに捨ててしまうとはもったいない」

「あんな有能な人物を埋もれさせておくのはもったいない」

というように、本来もっと活かされるべきものが活かされていないことに悲しんだり、憤ったりする言葉なのです。


この言葉は、環境分野で初のノーベル平和賞を受賞したことで知られるケニア人女性ワンガリ・マータイさんによって、世界に広められました。彼女は二〇〇五年に来日した際に、この「もったいない」という言葉を知り、感銘を受けたといいます。

環境問題に対する取り組みとして、3Rと呼ばれる運動があります。

・Reduce（リデュース）……ゴミとなるものをそもそも減らすこと
・Reuse（リユース）……再使用すること

・Recycle（リサイクル）……再利用すること

この３Rに加え、「Respect（リスペクト）」の気持ちをたったひと言で表すのが「もったいない」という日本語です。そのことに感激したマータイさんにより、あえて訳さないまま「MOTTAINAI」として、世界に広められました。

なお、会話においては、「もったいないお言葉でございます」のように、自分には不相応で畏《おそ》れ多いという気持ちをこめて使うこともできます。

懐かしい　親しみを覚え、引き寄せられていく感じです

この語の元になる動詞は「なつく」。犬が主人になついたり、後輩が先輩になついたりする、その「なつく」のイメージです。親近感を覚えて、思わず心惹かれていく感じです。

懐かしいものは、私たちの心の中に眠っていた記憶を呼び覚まします。そのことで生まれる共感、共鳴が「懐かしさ」の正体です。

面白いのは、懐かしさを覚えるのは、自分自身の思い出に関わるものだけでないことで

す。平成生まれの若者でも、高度経済成長の頃の日本の映像や写真を見て、何となく懐かしさを感じることがあります。日本文化の中に、あるいは日本人の感覚の中に、何か受け継がれているものがあるのかもしれませんね。

やるせない◉どうにも晴らしようのない気持ち

つらく落ち込んでいるとき、胸の中にはもやもやした悩み、漠然とした不安などが渦巻いています。時には、ぐつぐつと煮えたぎるような怒りがあるかもしれません。

すぐには問題を解決できないとき、とりあえずパーッと遊んで、ストレスを晴らすことがあります。もやもやしたものをどこかに吹き飛ばしてすっきりするわけです。

しかし、それがどうしてもできないときもあります。重苦しい悩みが胸に居座り、全然どいてくれない場合があります。その状況が「やるせない」です。

漢字で書くと「遣る瀬無い」。「遣る」は派遣・遣唐使などの「遣」で、こちらから向こうに行かせることを意味しています。ですから、自分の中にいる悩みに、どこかに行ってもらおうとするのが「遣る」です。

しかし、「遣る瀬が無い」のです。どこかに行かせようとしても、行かせる先が無いのです。その結果、胸にずっと居座っている物悲しい気持ちのことを「やるせない」と呼ぶようになりました。

焦《じ》れったい

じりじりと焦《あせ》る様子のことです

「焦る」と同じ字を書きます。なかなか思い通りにならず、焦ってイライラしてしまう状態です。

〝早く会いたいのに、なかなか会えない〟

〝こちらから何度もメールを送っているのに、返事がない〟

〝自分は時間通りに来ているのに、相手がなかなか来ない〟

そのような、ままならない状態に、歯がゆく思う心理です。似た言葉に「もどかしい」があります。こちらの語源「もどく」は、非難するという意味の古語。思い通りにいかないため、気に食わず、文句を言ってやりたい感じから生まれた言葉です。

忍びない ✺ 胸の痛む、いたたまれない気持ち

同じ字を使った熟語に「忍耐」「忍従《にんじゅう》」があることから分かるように、「忍ぶ」には、耐える、こらえる、という意味があります。「恥を忍んでお願いする」などの使い方をみたことがあるのではないでしょうか。

その「忍ぶ」に打消しを付けた「忍びない」は、「～に忍びない」という形で使い、そうすることに耐えられない、という意味です。たとえば、「見るに忍びない」と言うと、気の毒だったりかわいそうだったりして、直視するのに耐えない様子のことをいいます。

また、人に何かを頼むとき、「このようなお願いをするのは忍びないのですが」というクッション言葉を付けると、遠慮している気持ちをにじませることができます。

さりげない ✺ 「さ」＋「あり気無い」というつくりの言葉

この「さ」は指示語です。さ＋あり気無い、つまり、そのような様子がある気配がない

という意味の言葉です。

たとえば、隣の人がペンを忘れて困っているとき、大きな声で、「ペンが無いんですか。それじゃあ、私が貸してあげましょうか」と言って、貸すことを大々的にアピールしていたらどうでしょうか。こんなにわざとらしく、恩着せがましい貸し方をされたら嫌ですね。

そうでなく、余っている自分のペンを、そっと相手の手元に差し出して、自分が貸したということをことさら見せないで貸す方がスマートです。これが「さりげない」ですね。

自分の功績を見せびらかさない、日本人らしい、奥ゆかしく美しいありようです。

面目《めんぼく》ない

顔には様々な慣用表現があります

顔は、世間と向き合う、その人の看板です。人相《にんそう》という言葉もありますが、私たちは、人の顔を見て性格を推し量《おはか》ったり、信用できそうかどうかを見極めたりします。

そうした顔の重要性から、顔、そして同じ意味の面目は、体面や名誉、世間からの評価などを意味する言葉になりました。世間に知り合いの多い人は「顔が広い」といいますし、世間に影響力のある人は「顔がきく」といいます。

そして、恥ずかしいことをしでかすと、人に「顔向けができない」ようになりますし、「面目丸つぶれ」「面目を失う」という言い方もあります。自分の不始末で、他人の評判を下げてしまったときには、「顔に泥を塗る」「面目（顔）をつぶす」などの表現をします。

見出し語の「面目ない」も、「（合わせる）顔がない」という意味の言葉です。相手の期待に応えられておらず、恥ずかしい思いを表します。

中年男性などが「いやぁ、面目ない、面目ない」というような軽い言い方で使うことがありますが、それでは反省の意が伝わりません。真剣な面持《おも》ちで「誠に面目ないことです」と言ってこそ、信用してもらえるでしょう。

なお、「面目ない」とは反対に、名誉を保ったり高めたりしたときは「面目（顔）が立つ」、得意な分野で十分に実力を発揮したら「面目躍如《めんもくやくじょ》」といいます。

哀《あわ》れ ◉ しみじみと心動かされることが語源

古文単語に「あはれ」という言葉があります。今の「哀れ」「憐《あわ》れむ」などの原型になった言葉ですが、これはもともと「あぁ……」というため息を表す語でした。意図せず、つい嘆息の漏れるような感じです。

それが「あはれなり」という形容動詞につながりますが、これも、しみじみ心動かされる様子を漠然と言い表す言葉でした。桜を見て「あはれなり」と思う人もいれば、気の毒な人を見て「あはれなり」と思う人もいます。自分の身にとても悲しいことが起きて「あはれなり」と言う人もいます。どのような種類の感情でも、しみじみと心が動かされ、思わずため息が漏れるような感じであれば良いのです。何と、色好みで有名な光源氏の場合には、可愛い女の子を見た感想が「あはれなり」でした。

このように様々な意味を持っていた「あはれなり」は次第に、今の「かわいそうな」「気の毒な」の意味に収束していくのですが、元のニュアンスは残っています。

哀れと感じるとき、日本人は対象に共感し、自分も胸を切なく傷めているものです。つまり、しみじみと心動かされるという、根幹の意味合いは残っているのですね。

「いたたまれない」とか、「見ていられない」という言い方もありますが、人は人、他人は他人、と切り離さず、ゆるやかにつながって共感し、連動して悲しんでいるような感覚があるのです。

ほだされる

身近な人には情が移って……

この言葉のもとになる名詞「ほだし」は「絆」と書きます。

現代ではこの字は「きずな」と読んで、かけがえのない人と人とのつながりを表す言葉ですが、昔の「ほだし」はネガティブな意味で使われていました。

平安時代や鎌倉時代の古文を読んでいると、「ほだし」がよく出てきます。この時代、つらい俗世に絶望した人々は、出家して仏道修行を重ね、極楽往生を遂げることに強く憧れていました。俗世間に暮らしていても、お経を読むことなどはできますが、出家して修行に専心《せんしん》したいと考えている人は多かったのです。

しかし、出家とは家を出ることです。家族など俗世での人間関係を断ち切らなくてはなりません。妻や子どもがいれば、それを見捨てて出家というのは、なかなか難しいことでしょう。

そんなとき、「ほだし」という言葉が使われるのです。出家したいのに、家族がいるから出家できない、家族は自分の行動や心を束縛するものだ、ととらえる人が出てくるわけです。そこで「ほだし」に対する情で、本来自分が望むように行動できない、縛られている感覚を「ほだされる」といいます。

現代では、出家を望む人は多くないでしょうが、「ほだされる」という言葉は残っています。自分が挑戦したいことがあるときに、人間関係の情が理由で、それに踏み切れないとき、今も「ほだされる」という言葉を使うのです。

たとえば、会社を辞めようと思っていたのに、お世話になった先輩に説得されて、決断が鈍ってしまったというときに「先輩の説得にほだされてしまった」と言います。

甘んじる

こらえて受け入れる、大人の忍従

熟語では「甘受《かんじゅ》」といいます。「甘い」という言葉は、食べ物の甘さに関してだけでなく、人の言葉や人の考えについても使われる言葉です。たとえば、「甘い愛の言葉」といえば、うっとりするような快く優しい言葉が想像されます。

「甘んじる（甘んずる）」はもともと、「甘いものだと思う」ということで、良いものだと思って受け入れる意味合いでした。快く積極的に受け入れる言葉だったのです。しかし、時代がくだる中で、「本心では嫌なのだが、甘い（良い）ものだということにして受け入れることにする」という意味に変わりました。「運命を甘んじて受け入れる」「二番手に甘んじる」というように、与えられたものを仕方がないと思って受け入れる様子です。

本音では不本意であるが、建前としては受け入れて、痛みをじっとこらえる。日本人の重んじてきた忍従の姿勢が表れています。

気を揉《も》む ◉ じりじりと、居ても立ってもいられないイメージ

あれこれと心配することをいいます。

気を遣う、気を配る、気を付ける、気を回す、気をきかせる、気にかける——心の働きを意味する「気」は、人付き合いの場面でよく登場します。この場合、気は、状況を読んで的確に振る舞うための判断力を表しているのです。

気を働かせる中、事態が思い通りにいかず、焦れったく思ったり心配したりする様子を表したのが「気を揉む」です。やきもきする姿が目に浮かぶような言葉で、単に「心配する」「不安視する」というよりも、気を揉んでいる人の優しさ、人の好《よ》さを感じさせます。

「今回の件では、気を揉ませてしまってすみませんでした」と、自分が人に心配をかけた場合にも用いることができますし、「気を揉みましたよ！」と人に言うこともできます。

あきらめる

元は「明らめる」と書きました

私たちは「諦める」という漢字変換を思い浮かべますが、言葉の起源をたどると、元は「明らめる」と書くものでした。

つまり、物事を明らかにすることを「明らめる」というのです。不確かなものを明確に見定めたり、事情を詳しく調べて明白にしたりすることを指します。そうして明らかにすると、結果として「諦める」ことになります。そう考えると、少々切ない由来を持つ言葉ですね。

また熟語で「諦念《ていねん》」という言葉もあります。この言葉も、道理をわきまえて悟った心という意味と、断念する心という意味をあわせ持っています。

諦念から連想されるのは、仏教の根幹的な教えである四諦《したい》（苦諦《くたい》・集諦《じったい》・滅諦《めったい》・道諦《どうたい》）です。たとえば、苦諦というのは、人生は苦であるという真理のことですが、これも、人生は苦であるという真理を明らかに認識しようという考えです。

腹を決める ◉ 一〇〇パーセントの覚悟を言い表す慣用句

「腹」にも、たくさんの慣用句があります。というのも、腹は単におなかというだけでなく、人の心や度胸、度量などをイメージさせるものだからです。

たとえば怒りを表す慣用句だけでも、「腹が立つ」「腹に据えかねる」「腹の虫がおさまらない」などがあります。

「腹黒い」や「腹を割って話す」というときには、「腹」は表面に見えていない本心を意味しています。「腹を読む」といえば、相手の本心を探ることです。

見出し語の「腹を決める」の「腹」も、本心、本音の部分のことです。たとえどのような結果になっても、動揺しないように、覚悟を固めるのが「腹を決める」です。「腹を据える」「腹をくくる」ともいいます。

第四章　四季折々の言葉の彩り

春夏秋冬、彩り豊かに巡る四季。時が経っても色褪《あ》せない美しい言葉たちが、日々を色とりどりに染め上げます。

薄氷

冬の余韻を感じる言葉です

「うすごおり」とも「うすらい」とも読みます。春先になって、不意に寒さが戻るときに、うっすらと氷を張っている様子です。あるいは、雪や氷が薄く溶け残った様子のこともいいます。冬から春に移り変わる中で見られる風景です。

「はくひょう」と読むときはもっぱら、「薄氷を踏む」という慣用句で使います。薄くて割れやすい氷の上を歩く様子から、非常に危険な状況に臨むことをいいます。

下萌《したも》え

春の気配はすぐそこに

春になり、地中から草の芽が生え出てくる様子のことで、「草萌え」ともいいます。

『万葉集』で、志貴皇子《しきのみこ》という人に、

石走る垂水《たるみ》の上のさわらびの萌え出づる春になりにけるかも

という和歌があります。萌え出す早蕨《さわらび》が、岩の上をほとばしる水の流れの躍動感と相まって、春の生命力や春の到来の喜びを感じさせる一首です。

霞《かすみ》

◉ 霞と霧《きり》の違いとは

まず、理系的な説明をしましょう。空気中に広がった細かな水滴や塵《ちり》が原因で、空や遠《えん》景《けい》がぼんやりと見える現象を「霞」といいます。この説明は「霧」と同じです。では、霞と霧とは何が違うのでしょうか。ここで文化的・文学的な説明が必要になります。

実は、日本人は古来、春に見えるものを霞と呼び、秋に見えるものを霧と呼んで区別してきたのです。たとえば、春の和歌の定番フレーズが「霞立つ」。「春霞《はるがすみ》」とはいいますが、「秋霞」とは決していいません。

ぼんやりと遠くが霞む様子をいう他、霧や煙が漂って、薄い帯のようにたなびいて見えるさまも「霞」といいます。

江戸時代末期に作られた「さくらさくら」という箏曲《そうきょく》にも、霞が登場します。

（原歌詞）
さくら　さくら　弥生《やよい》の空は見わたす限り
霞か雲か　匂いぞ出ずる
いざや　いざや　見に行《ゆ》かん

（現行の童謡の歌詞）
さくら　さくら　野山も里も見わたす限り
霞か雲か　朝日ににおう
さくら　さくら　花ざかり

この歌の「匂い」「におう」は、香りというよりは、花から漂う優美な雰囲気のことです。白くぼんやりと咲く桜が、たなびく霞にたとえられており、春らしい情景ですね。

桜狩り

◉ 美を追い求める風流人《ふうりゅうじん》の振る舞い

「観桜《かんおう》」ともいいます。いわゆる「お花見」のことですが、今日のどんちゃん騒ぎの花見とは違う、風流さを残した言葉です。

奈良時代には、花といえば梅の花でした。平安時代になって、桜を楽しむ風習が生まれます。ただし、当時の桜は主に山桜《やまざくら》。貴族たちは都から出かけて行って、桜を楽しんだのです。その、わざわざ出かけて桜を探す様子を感じられるのが「桜狩り」です。花のもとでお酒を楽しんだのは昔も今も変わらないようですが、貴族たちはそこで漢詩や和歌に興じました。

素性法師《そせいほうし》という平安時代の歌人の和歌（『古今和歌集』所収）に、

見てのみや人にかたらむ桜花《さくらばな》手ごとに折りて家づとにせむ

というものがあります。見ただけでこの美しさを人に語れるだろうか、いや語れない、皆それぞれ枝を手折《たお》って家への土産にしようではないか、という歌です。山桜を都にいる家族に見せたいと思ったら、枝を手折ってお土産にしたのですね。

現代、公園などの枝を手折るのは窃盗罪や器物損壊罪ですが、昔はそうした行為をする人を「花盗人《はなぬすびと》」「花どろぼう」と、風流な言葉で呼びました。また、花どろぼうをされないための監視人についても、「花守《はなもり》」という素敵な言葉があります。

実は、庶民が今のように花見を楽しむようになったのは、江戸時代から。歌川広重《うたがわひろしげ》の浮世絵、「名所江戸百景」「京都名所之内」にも、桜の名所を描いたものが含まれています。

花衣《はなごろも》

◉気持ちの華やぎを感じる言葉です

花見に行くときに、女性が華やかな服装で出かけることを「花衣」といいました。戦前に活躍した女性俳人の杉田久女《ひさじょ》に、

花衣ぬぐやまつはる紐いろいろ

という句がある通り、様々な紐で着付ける和装のおしゃれを思わせる言葉です。桜に浮き立ち、花見を楽しみにしてとびきりのおしゃれをする――そのような女性たちの、気持ちの華やぎまでもが感じられる言葉だと思いませんか。

また、桜の花が舞い散るとき、花びらが人の衣服に散りかかり、衣を飾るように見えることを花衣という説もあります。人の髪や肩に残った花びら、服や鞄に残った花びらを見付けると、不思議と心がときめくものです。

花曇り

◉ 曇り空も、こう呼ぶと美しく見えます

桜の咲く頃には、曇り空が多いもの。そうした気候をとらえた言葉を「花曇り」といいます。

淡い色のソメイヨシノは、青空のもとで見ると、鮮やかに映《は》えて美しいですね。しかし実際には、曇天《どんてん》に白い花々がぼんやりと溶け込むような景色の方が、春らしい情景なのです。漢語では「春陰《しゅんいん》」「養花天《ようかてん》」といいます。

山笑う

春の生命感があふれる言葉

春は動植物が元気に活動し始める季節。冬枯れしていた木々も芽を出し始めます。山桜など、各種の花も咲き、山が生き生きとした雰囲気を見せます。その様子を「笑う」と表現する言葉が「山笑う」です。

ところで、武井咲《えみ》さんという芸能人がいるように、実は「咲」という字には「えむ（笑む）」という読み方もあるのです。草木が花開く様子を見て、まるで微笑んでいるようだと感じ、「咲む」という読み方をしたわけです。先人の感性は美しいですね。「咲む」に通じる「山笑う」も、蕾《つぼみ》のほころぶ様子を連想させる言葉ではないでしょうか。

なお、「山笑う」は、以下のような漢詩に由来する言葉ですが、すっかり日本語に溶け込んで、今では季語になって多くの俳句に詠み込まれています。

春山　淡冶《たんや》にして笑ふが如く
夏山　蒼翠《そうすい》にして滴るが如く

秋山　明浄《めいじょう》にして粧ふが如く
冬山　惨淡《さんたん》にして眠るが如し

郭熙《かくき》（中国、北宋時代の画家）

春のみならず、夏の「山滴《したた》る」、秋の「山粧《よそお》う」、冬の「山眠る」も季節感のある言葉です。特に、山が色とりどりに紅葉（黄葉）する様子を言い表す「山粧う」は、目にも鮮やかな表現です。

暮れなずむ ◉ ゆったりと長く感じられる夕方

この言葉は、海援隊の『贈る言葉』で知ったという人も多いのではないでしょうか。日が暮れそうで、なかなか暮れないでいる様子のことです。「なずむ」は古語で、物事の進行が妨《さまた》げられて、順調に進まない様子を表す言葉でした。

「暮れなずむ」は春の季語ですが、これと対照的な表現に、「秋の日は釣瓶《つるべ》落とし」という言葉があります。秋の日は、沈み始めると一気に落ちるように感じられることを表します。釣瓶というのは、井戸水を汲み上げるための桶《おけ》。汲み終わって井戸の中に落とすと、一気に垂直に井戸の底に落ちていきますね。

花吹雪《ふぶき》

歌舞伎などの舞台にも美しく舞い散ります

風でたくさんの花びらが舞う様子を雪に見立てて「花吹雪」「桜吹雪」といいます。漢語で「飛花《ひか》」「落花《らっか》」ともいいます。桜は、満開の美しさと同時に、散り際の美しさを愛されてきた花です。

桜が散ってしまうのは惜しいことですし、散る様子はどこかはかない哀しさを感じさせるものですが、少し違う見方を教えてくれる言葉に、俵万智《たわらまち》さんの短歌があります。

散るという飛翔のかたち花びらはふと微笑んで枝を離れる

『かぜのてのひら』所収

この短歌を知ると、舞い散る花びらの見え方も少し変わってきませんか。

なお、花を散らすように吹く風を「花風」、特に強風であれば「花嵐」といいます。

花筏《はないかだ》 ◉ 水辺の桜がもたらす貴重な美

桜は、花の期間自体は短いですが、「今年の桜はいつ咲くだろうか」と気にし始めたときから、その楽しみは始まっているともいえます。そして、花が散った後にも、楽しみは残されています。その一つが「花筏」です。

花筏とは、川や池の水面に散った花びらが連なって流れていく様子のこと。風に吹き寄せられて、花びらが集まり、じゅうたんのようになる様子は、息を呑む美しさです。

藤波 ◉ 『源氏物語』でも藤の宴が開かれています

春の終わり、ぽかぽかした陽気の頃に、藤の花が見頃を迎えます。野生でも見られる花ですが、特に私たちの目を楽しませるのが、藤棚《ふじだな》として整えられている藤の花です。紫色の花が代表的ですが、白や桃色、黄色の藤もあります。

「藤波（藤浪）」は、風が吹いて藤が波のように揺れる様子のこと。特に、大きな藤棚での藤波は幻想的で、美しいものですね。藤の花房《はなぶさ》のことを、藤波と呼ぶこともあります。なお、歌舞伎や日本舞踊《ぶよう》に「藤娘《ふじむすめ》」という演目があります。舞台の背景は、大木の松に絡んで咲く藤の花。黒の塗り笠をかぶり、藤の花枝をかついだ娘（藤の精という設定）が踊る、代表的な舞踊演目です。

八十八夜

なぜ茶摘みは八十八夜に？

夏も近づく八十八夜
野にも山にも若葉が茂る
あれに見えるは
茶摘《ちゃつみ》ぢやないか
あかねだすきに菅《すげ》の笠

という童謡「茶摘」を知っている人も多いでしょう。

この「八十八」というのは、立春から数えて八十八日目ということです。現代では、立春は二月四日ですから、八十八夜は五月二日頃。その時期に、やわらかな新芽を手で摘む「茶摘み」をすることが多いというわけです。

五月二日といえば、ゴールデンウィークの時期。年によっては、初夏の陽気を感じる頃でもありますね。暦《こよみ》の上でも、おおよそ三ヶ月で季節が巡るため、五月六〜七日頃が立夏です。つまり八十八夜は夏直前なのです。

しかし、この時期にはまれに、夜間の冷え込みで霜が降りることもあります。この遅霜《おそじも》「八十八夜の忘れ霜」により、農作物が被害を受けてしまうことも。そこで、注意喚起の意味をこめて「八十八夜」という言葉が作られたという説があります。

早乙女《さおとめ》 ◉ 稲作に関わる言葉です

「早乙女」もしくは「五月女」と書き、元は、田植えをする少女のことをいう言葉でした。「植え女」ともいいます。

現在ではもっぱら、「お田植祭」などと呼ばれる、田植えに関わる神事《しんじ》や祭事《さいじ》に奉仕する女性のことを「早乙女」と呼んでいます。神に心身を捧げて奉仕する役割であるため、基本的には未婚の女性が務めます。宮司《ぐうじ》が五穀豊穣《ごこくほうじょう》の祈りを捧げた後、代表として田植えを行うなどの役目を果たします。地域差はありますが、紺の単《ひとえ》に赤だすき、白手ぬぐいをかぶった上に菅笠《すげがさ》をつけるのが典型的なスタイルです。

風薫《かお》る　五月に使いたい表現です

初夏の若葉青葉の中を風が吹き抜ける様子を表した言葉です。

薫るといっていますが、実際に香りを運んでくる様子ではありません（時には青臭い香りが運ばれてくることもあるかもしれませんが）。草木のみずみずしい様子がこちらまで伝わってくるような、さわやかで快い風の雰囲気を伝えるための表現だと考えると良いでしょう。

漢語では「薫風《くんぷう》」といいます。青々と繁茂《はんも》している初夏の草木を揺らすところから、「青嵐（夏嵐）」とも呼ばれています。

なお、似た言葉に「風光る」があります。こちらは、春先の日差しの中を風が吹き渡る様子をいいます。

木下闇《こしたやみ》 ◉ 青々と茂る木々、見方を変えると……

「木《こ》の下闇《したやみ》」とも書きます。初夏から夏にかけ、木々は青々と葉を茂らせます。その木々によってできる暗い影に注目した言葉です。鬱蒼《うっそう》と茂る木々のもとには、木陰ができ、強い日差しの日でも涼しいものです。

「青葉闇《あおばやみ》」ともいい、漢語で「緑陰《りょくいん》」という言葉もあります。西東三鬼《さいとうさんき》という俳人に、

緑陰に三人《みたり》の老婆わらへりき

という句があります。木陰で涼みながら、会話に興じる仲良しなおばあちゃんたちを想像させる、微笑ましい一句です。

五月雨《さみだれ》

今の五月の雨のことではありません

六月が近付くと、ご近所さんとの世間話も「もうすぐ梅雨《つゆ》ですね」「いやですね」というやり取りになることが多いものです。洗濯ができなかったり、カビに悩まされたりする、生活上厄介な時期です。この「梅雨」という言葉（「ばいう」と読むことも）は、江戸時代になって中国から入ってきた、比較的新しい言葉です。

言葉自体は新しくとも、梅雨という気象現象自体は前からあったわけですが、その呼び名が「五月雨」でした。旧暦では現在の暦と一ヶ月ほどずれがあり、当時は五月に雨が降り続いていたのですね。由来としては、皐月《さつき》の「さ」と、「水垂《みだ》れ」が組み合わさってできた言葉であるとみられています。

ですから、江戸時代の、

五月雨をあつめて早し最上川　　松尾芭蕉《ばしょう》

五月雨や大河を前に家二軒　与謝蕪村《よさぶそん》

という句は、現在でいう梅雨の俳句なのですね。

なお、「五月晴れ」という言葉ももともと、雨の間の嬉しい晴れの日のことをいうものでしたが、近年では、今の五月の快い天気の日のことをいうようになっています。

納涼《のうりょう》 ◉ 涼しさを納めよう（得よう）という工夫

夏になると、「納涼花火大会」や「納涼盆踊り大会」の知らせを見かけるようになりますね。

納涼はもともと「どうりょう」と発音していた言葉のようで、暑さを避けて涼しさを味わおうとすることをいいます。納涼船というと、川や海に船を出して楽しむものですが、実際に水辺で涼しさを味わうことの他、花火や盆踊り、酒宴などで気持ちをまぎらわすことも「納涼」といっています。

現在、歌舞伎座では毎年八月に「納涼歌舞伎」という名の興行が打たれていますが、歌舞伎では、伝統的に夏の興行（夏芝居）で、涼しさを感じさせる話を取り上げました。背筋のぞくっとする怪談や、舞台に本物の水で滝などをもうける「本水《ほんみず》」のしかけのあるお芝居が、客に涼しさを感じさせるのです。本水の演目では、役者はわざと水が観客にかかるような動作をし、客席を沸かせます。

また、盆地で、特に暑さの厳しい京都においては、鴨川沿いの料亭が、川の側に突き出す形で桟敷《さじき》をもうける「川床《かわどこ》」という風習があります。川床で涼を求めることを「床涼《とこすず》み」といいます。

打《う》ち水《みず》 エアコンのない時代の涼の工夫

炎暑猛暑の夏、少しでも涼を取るために行われたのが「打ち水」です。水撒《ま》き、撒水《さっすい》ともいいます。

水の気化熱で地表の温度が下がって涼しく感じられるという原理ですが、道路が舗装されていなかった昔には、砂ぼこりが舞い上がらないようにする意図もありました。

昼間の日なたでは、水を撒いてもすぐに蒸発してしまい、また暑くなってしまうので、効果は薄いそうです。そのため朝方や夕方、日かげに水を撒くのが効果的だとか。

それ以外にも、昔は、暑い夏の風習として「振舞水《ふるまいみず》」というものがありました。家の前に、水の入った桶や甕《かめ》を置いておいて、通行人に自由に飲ませてやったのです。

今、この風習をそのまま再現することは衛生上の問題で難しいでしょうが、人の家や会社を訪問したとき、あるいは飲食店に入ったとき、よく冷えたお水やお茶が出てくるのは、現代版振舞水といえるかもしれません。

夕凪《ゆうなぎ》 ◉ 海岸地域で暮らすと実感できる風の変化

海の近くでは風が強い、という印象はありませんか。

陸と海とでは温度差があるため、風が吹きやすいのです。海の温度はほぼ一定ですが、陸は昼には温度が上がり、夜には下がります。その結果、昼は海から陸へ（海風）、夜は陸から海へ（陸風）、風が吹くことになるのです。夏の甲子園で、球児たちを悩ませる「浜風」というのも、この海風のことです。

そうして風の強く吹く海岸地域ですが、夕方一時的に風が止まることがあります。海風から陸風に切り替わる頃、陸地と海上とが近い気温になり、無風状態になるのです。その状態を「夕凪」「凪」と呼んでいます（もちろん、逆に陸風から海風に切り替わる朝にも「朝凪」があります）。

海の波はおさまり、木々の枝の葉さえ揺れない、ぴたりと風の止まる時間です。そのときのじりじりとした暑さは、特に瀬戸内地方では、よく実感されるところです。

なお、凪という漢字は、国字（日本で作られた漢字）です。風という字の内部を「止まる」に替えたのは、まさにその通りという感じがしますね。

慈雨《じう》

生命を育む、恵みの雨です

「慈」の訓読みは、慈《いつく》しむ。愛おしく思って大切にすることで、神仏の慈悲・慈愛を感じられるような字です。

ですから、「慈雨」というのは、万物を潤《うるお》し、作物などを育んでくれるありがたい雨のことです。感謝の気持ちが一語の中にこめられている、美しい言葉ですね。「喜雨《きう》」ともいいます。

特に、日照りが続いた後、久しぶりに降った雨に使われることが多いです。そうした恵みの雨を「干天《かんてん》の慈雨」といいます。干天（旱天）は日照りのことです。

久しぶりの雨でも、それが豪雨、雷雨だと別の意味で厄介です。日照り続きの後、ちょうど良い量の雨が降ることを「お湿《しめ》り」と呼びます。「幸いのお湿りで、畑の草木も生き返った」というように使います。

遠花火《とおはなび》 ◉ 俳句から生まれた美しい言葉

夏になると、各地で花火大会が開かれます。東京の江戸川区花火大会や隅田川花火大会、大阪の天神祭奉納花火、新潟の長岡まつり大花火大会などには、約百万人の見物客が集まるそうです。人がごった返す中に出かけるのは大変ですが、間近で見る花火の迫力や美しさ、浴衣姿や屋台から感じる情緒は格別なものです。

そうした喧噪《けんそう》とは打って変わって、静かな雰囲気の言葉が「遠花火」です。打ち上げの音も聞こえるか聞こえないかの離れたところから眺める花火のことをいいます。自宅の窓やベランダから花火を眺めるのかもしれませんし、歩いていてふと花火が目に入り、「ああ、今日はどこどこの花火大会だったな」と思い出すのかもしれません。

花火には元来、鎮魂の意味があったといわれていますが、遠くで静かに見る花火の方がその風情《ふぜい》を感じられるのではないでしょうか。

正岡子規《まさおかしき》に「音もなし松の梢《こずえ》の遠花火」という句があります。近景の松の枝先のあたりに、遠景の花火が上がる。どこか浮世絵のような風情のある一句です。

月見
秋におなじみの風物詩

近年、月が特に大きく見えるスーパームーンという現象が話題になっています。昔も今も、人は月を眺めるのが好きなものです。

昔の日本人は、特に、秋に月見を楽しみました。月は一年中出ていますが、秋の風物詩とされています。それも特に有名なのは、旧暦八月十五日の夜の「中秋《ちゅうしゅう》の名月」ですね。

現代ではすすきを飾り、月見団子や里芋などを供えて月を楽しみますが、平安時代の貴族たちは直接月を見上げるよりも、水面、杯《さかずき》のお酒に映り込む月を愛《め》でていたそうです。

中秋の名月は中国から入ってきた風習ですが、日本独自に発展したのが、その翌月、旧暦九月十三日の夜の月（後の月《のちのつき》）を観賞する習慣です。こちらでは、枝豆や栗を供えることが多いです（豆名月《まめめいげつ》・栗名月《くりめいげつ》という別名もあります）。

江戸時代になると、十五夜と十三夜はともに祝わなくてはいけない、片方しか祝わないのは縁起が悪い、といわれるようになりました。片方しか祝わないことを「片月見」といい、この話は、遊里《ゆうり》で遊女がお客を誘う口実にもなっていたようです。

照葉《てりは》

◉ 青空とのコントラストが美しい

秋の風物詩といえば、紅葉《こうよう》（黄葉）です。落葉樹の中でも、カエデの類《たぐい》の赤、銀杏《いちょう》の黄は目に鮮やかです。そうした草木の紅葉（黄葉）が、日光に照り映えて美しく輝いている様子を「照葉」あるいは「照り紅葉《もみじ》」といいます。

時雨《しぐれ》

◉ いつの季節の雨をいう？

一時的に降ったり止んだりする雨のことで、「しぐれる」という動詞で用いる場合もあります。一年中ありそうなものですが、特に秋の終わりから冬の初めにかけての冷たい小《こ》雨《さめ》のことをいいます。

昔の人は、涙を流すさまを時雨にたとえたり、時雨によって山の木々が紅葉するのだと考えたりしていました。

木枯《こが》らし　これが吹くと、いよいよ冬の到来です

秋の終わりから冬の初めに吹く、北寄りの風のことです。厳冬の北風ほどではないにしても、かなり冷たい風です。木を吹き枯らしてしまうイメージから「木枯らし」と名付けられました。なお、風がまえの中を木に替えた「凩《こがらし》」という字は国字（日本で作られた漢字）です。

荒涼とした冬の訪れを感じさせる言葉で、山口誓子《せいし》の俳句、

海に出て木枯帰るところなし

などはその寂寥《せきりょう》感がよく出ています。

小《こ》春《はる》日《び》和《より》 ◉ 春のような感じがする冬の日

実は、この「小春」というのは、春のことではなく、旧暦の十月（神無月）の別名です。現在の暦に直すと、十一月から十二月の上旬ごろ。晩秋から初冬の寒いはずの時期ですが、思いのほか暖かく、おだやかな天気の日があります。そんな過ごしやすい日のことを「小春日和」といいます。春先のおだやかな気候のことではありませんのでご注意を。

初雪 ◉ 特別な感動・感慨が伴っています

その年に初めて降る雪のことです。現代人は、景色に感動したり驚いたりすると、すぐに携帯電話やスマートフォンを取り出します。写真におさめたり、メールやＳＮＳで友人に知らせたりするわけですね。その対象は、満開の桜であったり虹であったり様々ですが、初雪というのも、人に知らせたいものの一つではないでしょうか。はらりと舞い落ちてくる雪を見て、「初雪だ！」と、つい家族や恋人に連絡したくなるのはなぜでしょう。

初雪を特別に思うのは、昔の人も同じです。あの芭蕉にも、自邸（芭蕉庵）での初雪に感激する、

初雪や幸ひ庵にまかりある

初雪や水仙の葉のたわむまで

という句が残っています。

日本海側などの雪深い地域では、初雪に無邪気にはしゃいでばかりもいられませんが、「いよいよ今年も雪の時期か……」という感慨を抱く点においては、やはり特別なものだといえるでしょう。

初雪を訳すとして、英語で「first snow」のように言うのは簡単ですが、それは単に事実を伝える表現でしかなく、日本人が初雪に感じる独特の高揚感などをこめた言い方ではありません。そもそも英語圏では、初めての雪に特別な感慨を抱くという発想自体がないようなので、うまく訳せないのです。

なお、私たちは富士山の初雪も気にかけてきました。「初冠雪《はつかんせつ》」「初雪化粧」などと呼んでいます。普通の地域の初雪とは大きくタイミングがずれており、例年九月頃にはもう雪が積もっています。

雪化粧 ◉ 辺り一面の雪景色の感動

辺り一面が雪で真っ白になり、まるで化粧を施《ほどこ》したかのように景色が美しく変わることをいいます。雪は化粧同様、建物の傷みなどの欠点を隠してくれ、どんな風景もきれいに見せてくれます。

特に、夜の間に雪が降って、朝起きてみたら庭や町並みが真っ白になっていた、という場合には深い感動がありますね。

平安時代の随筆『枕草子』でも雪化粧の場面が登場します。中宮定子《ちゅうぐうていし》が白楽天《はくらくてん》（白居易《はくきょい》）の漢詩を踏まえて「香炉峰《こうろほう》の雪はどうであろうか」と問いかけたのに対し、清少納言《せいしょうなごん》が漢詩の内容通り、簾《すだれ》を掲げたという、有名なエピソードです。そうして簾を掲げた先には、雪化粧をした美しい庭が見えたわけです。

春隣《はるとなり》

春を待ち焦がれる気持ち

冬の寒さも峠を越し、春の足音が聞こえてくるような時期に用いる言葉です。雪国の人々が春を切望するのは当然ですが、それ以外の地域の人にとっても、春は待ち遠しいものですね。「この寒さが早く和らいで欲しい」「若草が萌え出で、花が咲き乱れる春になって欲しい」という、多くの人々の願う気持ちが生んだ言葉が「春隣」。いよいよそこまで春は来ている、というニュアンスです。

なお現在、暦の上では二月四日が立春なのですが、実際には、立春の時期にはまだ「春隣」というぐらいの感覚でしょうか。

他に、徐々に昼が長くなる様子をいう「日脚《ひあし》伸びる」も、春の到来を楽しみにしている人々の気持ちを感じさせる言葉です。

冴《さ》え返る

ピリッとした空気を感じます

頭が冴えるという表現があります。すっきりして、思考も鮮やかな状態のことですね。そうした、すっきりと澄み切った様子が「冴える」です。気候に関して「冴える」を用いるときは、空気のよく澄んだ、ひどく寒い時期を表します。

「冴え返る」とすると、寒さがぶり返す様子のことです。暖かくなってきたと思っていたのに、急に寒くなってしまう、そうした余寒《よかん》の時期に使う言葉です。

芥川龍之介に「山がひの杉冴え返る谺《こだま》かな」という俳句があります。「山がひ」は、山と山の間の谷間のこと。こだまの響き渡る、空気の澄んだ様子が寒さを感じさせます。

花鳥風月《かちょうふうげつ》 ◉ 日本人が美を感じる自然とは

美しい自然の景色をひと言でまとめた四字熟語です。それを愛し、詩歌や絵画に描く、風流な心のありようのことも表します。

花といえば、第一には桜ですが、それ以外にも日本人に愛されてきた花はたくさんあります。初春には梅の香りを愛で、続いて桃や桜の花を眺め、晩春には藤の美に酔いました。初夏には、橘《たちばな》などの柑橘類が、花を咲かせます。昔の人は、それぞれの花の盛りを見ながら、季節の移り変わりを体感してきたのでしょう。

続いて、鳥です。和歌を詠んでいると、古人は鳥の鳴き声に耳を澄ましたり、渡り鳥の雁《かり》に思いを馳せたりしています。

和歌の聖典『古今和歌集』を読んでいて驚かされるのは、夏の和歌三十四首のうち、二十八首がほととぎすの鳴き声に関する歌であるということです。

武将の気質を語るたとえ話に、

鳴かぬなら殺してしまえほととぎす（織田信長の気性が荒いたとえ）

鳴かぬなら鳴かしてみしょうほととぎす（豊臣秀吉の工夫のたとえ）

鳴かぬなら鳴くまで待とうほととぎす（徳川家康が天下取りまで長く待ったたとえ）

というものがありますが、これは各武将の性格がよく分かるのと同時に、日本人が古来、ほととぎすの鳴き声をどれだけ愛でてきたかを感じられる言葉でもあります。

そして、風の話です。今日でも「春一番」「木枯らし（凩）」などというように、季節の移り変わりを感じさせるのが風ですね。『古今和歌集』秋上《あきじょう》の巻頭を飾っているのも、

秋来《き》ぬと目にはさやかに見えねども風の音にぞおどろかれぬる

藤原敏行

という和歌です。まだ視覚的には秋の訪れを感じられない時期であるものの、風には秋の涼味《りょうみ》を感じたのですね。今も、立秋の頃（八月八日頃）、夕方以降の涼しい風にはっとさせられることがあります。

そして、日本人は月にも思い入れを持ってきました。特別な言葉も多数生まれています。こちらは次項で詳しくご紹介します。

花鳥風月の類義語には「雪月花《せつげつか》」があります。こちらは中国の詩人・白楽天（白居易）が用いたことにより、日本でも使われるようになった言葉です。冬の雪、秋の月、春の花。季節の美しい景物《けいぶつ》をまとめた言葉です。

弓張《ゆみは》り月《づき》

様々な月に名前を与えた日本人

半月《はんげつ》のことです。弓に弦を張った様子に見立てて、こう名付けられました。上弦《じょうげん》の月、下弦《かげん》の月と呼び分けることもあります。

旧暦は月と連動した暦でした。その名の通り、三日頃に見えるのが三日月だったわけです。おおむね十五日頃に、満月（望月《もちづき》）を迎えます。

月は日を追うごとに出る時刻が遅くなりますが、十六日の月は十五日よりも一時間弱出るのが遅くなることから「十六夜《いざよい》の月」と呼ばれています。「いざよう」というのは、ぐずぐずためらっている様子のことです。さらに出るのが遅くなっていく十七日以降には、次のような名前があります。

・十七日　立待月《たちまちづき》
・十八日　居待月《いまちづき》
・十九日　寝待月《ねまちづき》

最初は立って待っているのですが、次の日は待ちきれなくなって座って（居て）しまいます。十九日にはもはや寝ながら待っているわけです。

なお、夜が明けてもなお空に残っている月のことを「有明《ありあけ》の月」と呼びます。

星霜《せいそう》 ◉ 星と霜の意味するところは

年月、特に一年のことです。しかし、単に「年」とか「year」というのとは違う趣《おもむき》があります。

漢字を見てください。星は一年で天を一周して同じところに戻ってきますし、霜の降りる季節も一年に一度巡ってきます。そのことから年月を数えるときに「星霜」というようになりました。

よくみるのは、長い年月に渡って苦労を重ねたときに「幾星霜《いくせいそう》を経て（ようやく）」という表現です。

黄昏《たそがれ》

●「誰《た》そ彼《かれ》」からできた言葉です

古くは「たそかれ」といいました。語源は「誰そ彼」、つまり「誰だろうか、彼は」です。夕方の薄暗くなってきた頃、往来の人が見分けづらくなってきた様子をいう言葉なのですね。

反対に、朝の薄暗い時間帯のことを「彼誰時《かわたれどき》」ということがあります。文字通り、「彼《か》は誰《たれ》」からできた言葉です。

なお、黄昏が、日が暮れて一日が終わりに向かう時分であることから、「人生の黄昏」というように、盛りの時期が過ぎて衰えが見え始めた時期のたとえにも使われます。「たそがれる」というのも、元気を失った様子、がっくりと落ち込んでいる様子、切なく物思いにふける様子を表すのに用いる動詞です。

「斜陽《しゃよう》」（西に傾いた太陽）にも同様の使い方があり、「斜陽産業」のように用いられています。また、太宰治の作に、没落貴族を描く『斜陽』があります。

曙《あけぼの》 ◉ 『枕草子』の「春はあけぼの」でおなじみです

空がほのぼのと明け始める頃を指す言葉です。暁《あかつき》（未明、夜明け前とも）に続く時間帯のことをいいます。

そこから意味が広がり、物事が新たに展開しようとする段階のことも、曙と呼びます。「まさにこの頃が、日本のモータースポーツの曙であった」という言い方をします。

また、曙と同じぐらいの時間帯か、それより少し後の時間帯を表すものに、「東雲《しののめ》」や「朝ぼらけ」という言葉があります。

この曙という言葉、私たちの多くは、『枕草子』を通じて学んだのではないでしょうか。平安時代の女性、清少納言によって書かれた随筆です。その第一段が「春はあけぼの」と始まるのは有名ですね。

あまりに有名なので、私たち日本人はずっと春の曙の情景を愛でてきたのだと錯覚しがちですが、実はこの一文、清少納言独自の着眼点によるものなのです。その時代までは、特に春の曙に注目して和歌を詠んでいる人もいません。しかし、この一節が世に出て以降、春の曙に注目する人が一気に増えました。時代がくだると、和歌集にも春の曙を詠んだものが増えてくるのです。つまり、「春はあけぼの」と思う日本人の感性は、清少納言という一人の書き手によって生み出されたのです。

なお、『枕草子』の第一段では、春以外の季節に関しても、おすすめの時間帯が挙げられています。

夏はよる。

秋は夕ぐれ。

冬はつとめて（早朝の、夜は明け切ったが、まだ朝早い時間帯）。

それぞれ理由も述べられていますので、そこはぜひ『枕草子』を紐解いてみてください。

木漏《こも》れ日《び》

◉ 風でちらちら揺れる様子も美しく

「木洩れ日」とも書きます。茂った木の葉の間から漏れて射す日光のことをいう言葉です。もしこれを英語に訳そうとすると、

sunbeams streaming through the leaves of trees.

(木々の葉の間を通り抜ける日光)

というように、説明的な表現にせざるを得ません。日本語に「木漏れ日」という一語で表現できる言葉が存在するのは、それだけ昔から日本人が木漏れ日を好んできた証であるといえるでしょう。なお、雲間から地上に射す光は「日の脚《あし》」「日脚《ひあし》」と呼びます。

日和《ひより》

好ましい天候をいう大和言葉

空模様、特に晴れた良い天気のことをいう言葉です。あいさつで、「今日は良いお日和ですね」と言うと、奥ゆかしいですね。

「待てば海路《かいろ》の日和あり」ということわざがあります。辛抱強く待っていれば、航海に出るのにちょうど良いお天気になるときが来る、という意味ですが、ここで日和は、船出にちょうど良い天候という意味で使われています。

そこから転じ、何かをするのにちょうど良い天気ということで、「行楽日和《こうらくびより》」「洗濯日和」というような使い方が生まれました。

第五章 日本文化に息づく想い

和歌、雅楽、茶道、歌舞伎――。日本文化には独特の想いが息づいています。日本の奥深い文化に、言葉を通じてふれるのも良いものです。

言霊《ことだま》 ◉日本人の信じた言葉の力

古代、言葉には霊力《れいりょく》が宿ると信じられていました。口に出して言うと、その通りの状態が実現するような力があると考えられていたのです。

現代では、そのような考えは迷信だと思われるかもしれませんが、今でも大事な場面では言葉に気を付けることがあります。たとえば、結婚式では忌《い》み言葉を使わないよう注意しますね。スピーチでは「別れる」などの縁起の悪い言葉を避け、ケーキを切ることも「ケーキ入刀」、会の終わりのことも「お開き」と呼ぶ徹底ぶりです。他にも、受験生の前では「落ちる」「すべる」と言わないようにし、試験前にトンカツ（勝つ）を食べるのが、同じような発想からきています。

昔はそうした感覚がもっと強く、それは言霊信仰と呼ぶべきものでした。奈良時代に編《あ》まれた『万葉集』には、「言霊の幸《さき》わう国」という表現が登場しています。日本は、言霊の力によって幸福が生じる国であると考えられていたのです。重要なことはむやみに口にせず、ここぞという場面でこそ口にする（言挙《ことあ》げする）ものであり、これからのことを語るとき、あらかじめ言葉で祝福を言う（言祝《ことほ》ぐ）のです。

『万葉集』に、斉明《さいめい》天皇名義の歌（額田王《ぬかたのおおきみ》が作ったとみられる）で、

熟田津《にきたつ》に船乗りせむと月待てば潮もかなひぬ今は漕ぎ出でな

（熟田津で、船に乗ろうと月を待っていたところ、ちょうど潮の流れも良くなった。さあ、今こそ漕ぎ出そう）

があります。これは白村江《はくそんこう》の戦いに向かう船路で作られた歌で、言挙げとして詠まれたものだとみられます。

走馬灯《そうまとう》 実物はきれいな灯籠《とうろう》です

事故に遭うなどして意識を失う直前、「これまでの出来事が走馬灯のように浮かんだ」などと言うことがあります。この「走馬灯のように」という表現は知っていても、実物の走馬灯は見たことがないという人が多いのではないでしょうか。

走馬灯は回り灯籠《どうろう》ともいいます。外枠に薄紙や布を張り、その内側に色々な形を切り抜いた円筒を立てて、中心に蝋燭《ろうそく》を立てたものです。蝋燭に火をつけると、その火気によって円筒が回転し、外枠の部分に映る影絵が動いて見えるのです。このとき、円筒部分に馬の絵柄が切り抜いてあれば、馬の影絵が走って見えるので、走馬灯と呼ばれます。なかなか幻想的で、きれいな品です。

その走馬灯から意味が広がり、情景が次から次に流れて思い浮かぶ様子のことを「走馬灯のように」というようになりました。

昼行灯《ひるあんどん》

月夜に提灯《ちょうちん》、六日の菖蒲《あやめ》などにも通じる言葉

電気が普及するまでは、暗くなると行灯を灯して明かりをとっていました。逆に言えば、昼に行灯を灯していても、何の意味もありません。

このことから、ぼんやりとしている人、役に立たない人のことを嘲《あざけ》る言葉として「昼行灯」という言葉ができました。日本語には面白い比喩表現がたくさんありますね。

本調子 ◉ 三味線の調弦が元になっています

「今日は本調子ではないなぁ」というように使う言葉で、元は三味線音楽が由来です。三味線では、糸巻きで糸の張り具合を調整して調弦（チューニング）を行いますが、一の糸、二の糸、三の糸それぞれの音の高低差によって調弦法が何種類かあります。そのとき、一番の基本になるのが「本調子」です。この本調子がベースとなって、二上《にあが》り・三下《さんさが》りなどの派生があります。

打ち合わせ ◉ 単に話し合うのは打ち合わせではない？

打ち合わせは、日本の伝統音楽である雅楽《ががく》に由来を持つ言葉です。雅楽では主に三管《かん》・三鼓《こ》・両絃《げん》と称される八種類の楽器を使用します。

・三管……笙《しょう》（鳳笙《ほうしょう》）、篳篥《ひちりき》、龍笛《りゅうてき》

・三鼓……太鼓、鉦鼓《しょうこ》、羯鼓《かっこ》
・両絃……楽琵琶《がくびわ》、箏《こと》

こうした楽器を組み合わせて演奏するスタイルは、八世紀頃には既に確立していたとみられ、世界最古のオーケストラと称されることもあります。

右には含まれていませんが、一部の曲（国風歌舞《くにぶりのうたまい》や催馬楽《さいばら》）で用いられる打楽器に「笏拍子《しゃくびょうし》」があります。これは、笏を縦に二つに割ったシンプルな形の楽器です。歌唱者自らが手に持ち、歌いながら打ち鳴らすもので、歌唱者と伴奏者の間を調整し、うまく合わせる役割を果たします。

その笏拍子を打って演奏を合わせることから、「打ち合わせ」という語が生まれたわけです。単に「会議」「meeting」「conference」というのとは違って、意見をうまく調整して合わせるというニュアンスが感じられます。そのことから、大人数の会議などの前に、事前に少人数で相談して意見をすり合わせておく下相談のことを、特に打ち合わせというのです。

音頭《おんど》をとる ◉ 伝統的な邦楽の演奏方法が由来です

音頭というと、祭り音頭が頭に浮かぶ人も多いのではないでしょうか。確かに、多くの人が歌に合わせて踊ることやその歌のことを音頭というのですが、ここで取り上げる音頭はまた違う意味です。

「音頭をとる」の音頭は文字通り、音の頭です。西洋式のオーケストラには指揮者がいますね。しかし、伝統的な邦楽には、全体を見渡しながら指揮をする人がいません。演奏者同士でうまく息を合わせて演奏するのですが、合唱・合奏の場合、各パートのリーダーが一人先に始めて、残りの人が途中から合流することによって演奏を合わせることがあります。この、先に始める役割が「音頭をとる」なのです。そこから転じ、他の人の先に立って物事を始め、先導役になること全般を、音頭をとるというようになりました。

持て囃《はや》す

和の演奏から生まれた言葉です

もともと「囃す」は「栄す」であったとみられます。栄《は》えるようにする、つまり、立派に見えるように飾ったり褒めたりするのです。そこから、歌や音楽を引き立てるために声を出したり、笛や太鼓を鳴らしたりすることも「はやす（囃す）」というようになりました。落語家などが登場する際に鳴らす音楽も「出囃子《でばやし》」といいますね。

今では人や物などを褒めたり、特に大切に扱ったりすることを「持て囃す」といいます。「持て囃される」と使うと、人気があってちやほやされている感じです。

書き初《ぞ》め

今でも新年に取り入れたいイベントです

新年の行事として、一月二日に初めて文字を書くことです。江戸時代の寺子屋などでは五日に書く例もみられましたが、いずれにせよ年の初めに文字を書くことを指します。原則として、毛筆で書きます。

昔は恵方《えほう》（縁起の良い方角）に向かって、おめでたい意味の詩歌や成句《せいく》などを書くことが多かったようです。現代では、新年の抱負や目標などを書くことが多いですね。年が改まり、初々《ういうい》しい気持ちのもとで、その年が良いものになるよう、祈りや願い、決意をこめて書くものが書き初めと呼ばれます。

この他にも、日本語には「笑い初め」「初夢」など、新年初めてのことを晴れやかな気持ちで迎える言葉がたくさんあります。年の節目の意識を大切にしたいものです。

わびさび　日本の代表的な美意識

本来は「わび」と「さび」は別の言葉ですが、一つにまとめられて使われていることが多いです。

「わび」は「わぶ」という動詞の名詞形で、形容詞の「わびしい」を考えると、イメージが分かりやすいでしょう。貧しく物の不足する中に、心の充足を見出そうとするような意識のことです。

これは茶道が発達する中で知られるようになった言葉で、「侘茶《わびちゃ》」という言い方もあります。豪華絢爛《けんらん》なものを避け、素朴な茶室や焼き物を好んで採用しました。

明治時代、岡倉天心の『茶の本』では、「わび」を「imperfect（不完全な状態）」と訳していますが、そこにはもう少しだけ補足が必要です。単に不完全な状態が「わび」であるというよりは、その不完全な状態の中にあって、むしろそのありようを愛し慈《いつく》しむようなところに、わびの心があるのです。

もう一方の「さび」には「寂」という字が当てられます。「寂れる」という言葉があるように、静かでどこか寂しげな様子のことをいいます。そうした閑寂《かんじゃく》さの中に、豊かな奥深さが感じられるとき「さび」というわけです。芭蕉以降の俳句、また骨董《こっとう》趣味の中で、特に使われる言葉です。

一期一会《いちごいちえ》

茶道で広まった言葉です

千利休《せんのりきゅう》の弟子で、安土桃山時代の茶人・宗二《そうじ》の著書に「一期に一度の会」という言葉が残されています。一生に一度きりの対面という意味です。これが茶道の心構えとして広がっていきました。つまり、この茶の湯での交流は、一生に一度きり、かけがえのない機会のものと思い、亭主側も客側も心をこめて振る舞わなくてはいけない、ということです。
そこから一般語としても、人との出会いを大切にし、誠意をもって付き合うことの心構えとして使われています。

初心

◉ 能楽を大成した世阿弥《ぜあみ》の極意の一つ

父・観阿弥《かんあみ》の芸を受け継ぎつつ、古典文学や時代の要請を取り入れ、能楽を大成したのが世阿弥（一三六三頃〜一四四三頃）です。世阿弥は演技者であっただけでなく、謡曲《ようきょく》台本も自ら書き、演技に関する指南書も残しています。『風姿花伝《ふうしかでん》』（花伝書）は、能楽師のみならず、ビジネスマンなどにもよく読まれています。

さて、「初心」は彼が六十歳を過ぎて書いた『花鏡《かきょう》』という本にみられる言葉です。

初心は文字通り、習い始めた初めの頃の心のことです。習い始めるとき、人は謙虚で、緊張しています。なかなか身に付かずに苦労しますが、そうした己の未熟さを痛感しつつも何とか乗り越え、芸を身に付けていこうと必死に取り組みます。こうした気持ちの総体が初心です。

とはいえ、初心は始めの時期にだけ存在するものではありません。演者は年をとるごとに、身に付けなくてはいけないもの、求められるものも変わっていきます。その時々で未知のものに挑戦するわけですから、初心の感覚・姿勢はつねに必要です。

それこそが「初心忘るべからず」なのです。『花鏡』には「時々の初心忘るべからず」「老後の初心忘るべからず」とも書かれています。

独壇場《どくだんじょう》

◉元は「独擅場」と書きました

ある分野に関し、ある会社や個人が群を抜いて優れており、他社・他者が参入しがたいような状況になっていることを広くいいます。

実はもともとこの言葉は、「独壇場」ではなく「独擅場」と表記していました。「独擅場」と書いた場合は「どくせんじょう」と読みます。

「擅」は「独り占めにする」「一人で自由に処理する」という意味の漢字です。「独」の字と似た意味なのですね。「独擅」と組み合わせることで、その場を独占し、自分の思うように振る舞うこと、という意味になります。もともと、浄瑠璃《じょうるり》などの芸能において、その人にその場面をやらせると圧倒的である、他の者の追随《ついずい》を許さない、という趣旨で使われ始めた言葉です。

その「独り舞台」状態と、漢字の類似から、「どくだんじょう」と誤読したり、「独壇場」と誤記したりするようになりました。「教壇」「論壇」などの語がありますから、「壇」を舞台という意味でとらえ、特に疑問が持たれなかったのでしょう。その結果、独壇場の使用例が増え、今ではＮＨＫの放送でも、「独壇場」を用いるようになったのだそうです。間違いがついに正しい日本語と認められた一例です。

真打《しんうち》

◉ 真打になるまでには長い道のりが……

落語の寄席《よせ》では、初めに前座と呼ばれる落語家が出てきます。まだ羽織袴《はおりはかま》を着ることが許されない新人で、着流し姿。まだ噺《はなし》もおぼつかず、お客さんもまばらです。次に二ツ目と呼ばれる、前座より上の落語家が出てきます。前座として四年ほど修業をし、昇格した人たちです。

そして、寄席の最後を飾るのが「真打」です。真打とは、寄席の最後を飾る資格を持つ落語家のこと。二ツ目になってから、さらに十年ほど修業をし、落語家として十分な腕前があると認められると、真打になることができます。つまり、真打になるためには、前座として高座に上がる前の「前座見習い」の期間も含めると、おおよそ十五年間、修業をする必要があるわけです。

なお、資格として真打にたどり着いても、それから稽古・精進を怠って腕が落ちてしまえば、客からは見放されてしまいます。寄席のトリとして高座に上がった際、「いよいよ真打登場だね」「待ってました!」と言ってもらえるような存在であるために、一生修業は続くのです。

日常会話では、落語家の真打に限定せずに用いる言葉です。誰もが認める実力者のことを真打と呼んでいます。

花道

歌舞伎座や国立劇場、大阪松竹座などで見られます

ある時期まで、単に芝居見物といえば、それは歌舞伎を見ることを意味していました。それほどまでに、江戸時代から日本人に広く愛されてきたのが歌舞伎です。

そのため、「柿落し《こけら》（劇場を新築して初めての興行）」「だんまりを決め込む（黙り続ける）」のように、歌舞伎用語が日常語に入り込んだ言葉も多くあります。

この「花道」も、歌舞伎を上演する劇場にもうけられる舞台機構で、下手《しもて》（観客席から舞台を見たときの左側）の客席の中を貫く通路のことです。由来ははっきりしませんが、役者の贔屓客《ひいき》がそこに花を飾ったため、その名が付いたのではないかといわれています。間近にいる客の視線を一身に集め、万雷の拍手を浴びながら、堂々と花道を歩き、七三《しちさん》の地点で見得《みえ》を切る（見得をする）役者は、華々しい存在です。

そんな千両役者の見せ場のように、人々の注目や期待、称賛が一身に集まるような、華やかで重要な機会のことを「花道」と呼んでいます。「晴れ舞台」「晴れの席」「檜舞台《ひのき》」と呼ぶこともあるでしょう。

ただし、「花道を飾る」という風に述語を付けた場合には、華々しい引退のことを指します。まだ人気や実力のある人が惜しまれながら表舞台を去る様子を表しています。そのため、これからまだ存分に活躍する人に「立派に花道を飾ってね！」などと声をかけないよう、注意してください。

見得《みえ》

見得は切るもの、見栄は張るもの

同じ「みえ」にも、「見得」と「見栄」があります。どちらも「見える」という語が名詞化したもので、他人にどのように見えるか、というところからきています。

「見栄」は、他人によく見られるよう、うわべを飾ったり、分を越えた振る舞いをしたりすることです。たとえば、お金がないのに、周りに格好を付けるために高い物を買うような行動を「見栄を張った」といいます。

一方、「見得」と書いた場合は、歌舞伎の演技法の一つを指します。役の感情や動作が盛り上がる場面で、附《つ》け打ちの柝《き》の音に合わせ、ストップモーションで表情やポーズを決めます。「中村屋!」「成田屋!」などの大向《おおむこ》うの掛け声がかかる瞬間です。そうした歌舞伎役者の演技のように、意識的に大げさな表情・言動をして自信を示し、周囲を圧倒することを「見得を切る」「大見得を切る」というのです。

なお、胸がすっきりするほど、鋭く歯切れのよい口調でまくし立てることを「啖呵《たんか》を切る」といいます。

十八番

◉なぜ、十八番を「おはこ」と読むことがあるのでしょうか？

人の最も得意な芸、技を指す言葉です。自分でも認めている、自覚のある特技のことをいうもので、カラオケに行くときなど、「十八番は何ですか」と尋ねる場面がみられます（時には、その人のよくする言動、癖をからかって言う場合もあります。「お、十八番の泣き落としかい？」という感じです）。

これも歌舞伎に由来する言葉です。歌舞伎に、市川宗家《そうけ》とも呼ばれる市川團十郎家（現代の市川海老蔵さんに連なる流れ。成田屋）がありますが、その七代目の市川團十郎（一七九一～一八五九）が「歌舞伎十八番」を選定しました。不破《ふわ》・鳴神《なるかみ》・暫《しばらく》・不動《ふどう》・嫐《うわなり》・象《ぞう》引《ひき》・勧進帳《かんじんちょう》・助六《すけろく》・押戻《おしもどし》・外郎売《ういろううり》・矢《や》の根《ね》・関羽《かんう》・景清《かげきよ》・七《なな》つ面《めん》・毛抜《けぬき》・解脱《げだつ》・蛇柳《じゃやなぎ》・鎌《かま》髭《ひげ》の十八の演目で、代々の成田屋が得意とする荒事が多く含まれていることが特徴です。

「じゅうはちばん」とも「おはこ」とも読みますが、これは、市川團十郎が歌舞伎十八番を選定したときに、台本を箱に丁重《ていちょう》にしまったことに由来するといわれています。しかし、歌舞伎十八番のうち、いくつかの演目は台本が失われ、どのような作品であったかが分からなくなっています。

なお、市川宗家の歌舞伎十八番に倣《なら》って（あるいは、対抗するように）、尾上《おのえ》菊五郎家には「新古演劇十種」、片岡仁左衛門《にざえもん》家には「片岡十二集」が定められており、三代目の市川猿之助（現・二代目市川猿翁《えんおう》）は「三代猿之助四十八撰」を選定しています。

思い入れ

これも歌舞伎にゆかりのある言葉です

特別な縁や思い出があり、深く思いを寄せることをいう「思い入れ」。たとえば、「思い入れのある品なので、手放すのがつらかった」というように使われます。実は、歌舞伎の演技法にも「思い入れ」があり、これが言葉の由来です。

台本には「ト思入れ」とト書きがなされ、俳優は、その場面における役柄の心情を無言のうちに表現します。表情や動作、ポーズで思いを表す、役者の演技の見せどころです。

千秋楽《せんしゅうらく》

歌舞伎では「千穐楽おめでとうございます」というあいさつを交わします

何日も続く興行の最終日のことを、千秋楽（千穐楽）といいます。

語源ははっきりせず、雅楽において「千秋楽」という曲を最後に演奏する慣習があったから、とも、能において最後の付祝言《つけしゅうげん》として「高砂《たかさご》」の「千秋楽は……」という部分が謡《うた》われることが多かったから、ともいわれています。どちらも、めでたく最後をしめくくるものですから、千秋楽という言葉にはめでたい雰囲気が伴っています。

元は歌舞伎や大相撲で用いられていた言葉ですが、今では商業演劇などでも、幅広く用いられています。

歌舞伎では「千穐楽」という表記をしますが、これは、「秋」という字を避けるためです。秋という漢字のつくりに「火」とあることを嫌ったのです。江戸時代の芝居小屋は木造で、火事に悩まされることがあったため、縁起をかついだわけです。

長く続いた公演を無事に完走した喜びもあり、千秋楽の公演は、ややお祭りムードです。その日だけのアドリブや演出の変更があったり、カーテンコールで俳優らがお礼のスピーチをしたりすることがあります。それもあって、千秋楽の公演は人気があります。

大相撲でも、千秋楽の日は特別です。「これより三役」として、千秋楽における結びの三番は、特別な作法で行われます。

ひとりずもう

実は神事に由来する言葉です

漢字では「一人相撲」「独り相撲」「一人角力」と書きます。これは相撲の伝統からきた言葉です。相撲は単に娯楽として供されるスポーツではありませんでした。そもそもの起こりは弥生時代で、農耕儀礼の一つとして発生したとみられています。それが平安時代には相撲《すまい》の節会《せちえ》として、天皇の観覧のもとに行われる宮中行事の一つになりました。相撲の勝負から、五穀豊穣を占ったのです。

ひとりずもうも、そうした伝統の中にあります。愛媛県今治《いまばり》市大三島《おおみしま》の大山祇《おおやまづみ》神社などでは、現代に至るまで神事として一人角力が行われてきました。力士同士で戦うのではなく、力士は稲の精霊との力くらべをするのです。そうした神事としてのひとりずもうが、見世物に広がっていきました。

それが転じ、現在では会話の中で使われる意味になりました。相手を想定して一人で張り切って何かを行うことですが、たいていはそれが空回りして、周囲に無視されたり、マイナスの結果を引き起こしたりする状態を指します。

鎬《しのぎ》を削る

◉ バチバチと火花の散るイメージです

日本刀は、基本的に片刃です。切れる方を刃、そうでない方を峰《みね》といいます（みね打ちという攻撃は、切れない峰の方で、打撃ダメージだけを与えることです）。

その刃と峰の間で、稜線《りょうせん》の高くなっているところが鎬です。激しい斬り合いでは、刀と刀の接触で鎬が削れ落ちてしまうことから、「鎬を削る」という表現が生まれました。今日では、特に刀の関わらない争いでも、熱戦、激しい競争を指して使う言葉です。類語の「火花を散らす」も、刀と刀を打ち合わせるときに火花が散る様子から生まれた慣用句です。どちらの表現も、緊迫感のある勝負の雰囲気がありありと感じられる言葉です。

余談ながら、漢字変換の異なる「凌ぎ」は、苦しい状況に耐え、何とか切り抜けていくことをいいますので、誤表記しないよう気を付けたいところです（もし「シノギ」とカタカナで書くと、ヤクザや暴力団が収入を得るための手段のことになります）。

真剣勝負

命を懸けた、本気の決闘

木刀や竹刀《しない》ではなく、本物の刀剣を用いて勝負をすることです。本物の刀剣なので、傷を負ったり、場合によっては命を落としたりするかもしれません。それを覚悟した上で、本気で勝負に臨む様子を「真剣勝負」といいます。

今日では比喩的に、本気で争ったり、本気で事に臨んだりする様子のことをいいます。

一所懸命

御恩《ごおん》と奉公《ほうこう》の時代から続く言葉

鎌倉時代、源頼朝《よりとも》が確立した、御恩と奉公という仕組みがありました。戦いに参加するなどの奉公を果たせば、御恩として、所領《しょりょう》を保証するという契約関係です。この所領は武士にとって、生活を支える重要なものです。そのため、命を懸けてでも、所領を守ろうとしました。その必死な様子を「一所懸命」と呼んだのです。

しかし、現代では「一生懸命」と書くことの方が多いのはなぜでしょうか。

実は、江戸時代の頃までに「一所」という言葉が「一緒」と同じ意味に変わってしまい、所領というニュアンスが薄れてしまいました。そして、貨幣経済主体の町人文化では、「一所懸命」と言われても、実感のできない部分があります。その中で、命懸けで事に当たるというニュアンスだけが残り、「一生懸命」に変わっていったのです。

内弁慶 ◉ 歴史上の人物が、今もよく使われる言葉の中に

弁慶は、源平合戦で活躍した源義経《よしつね》に仕えていました。武勇の法師として数々の伝説があり、能や歌舞伎などにもよく描かれていることから、弁慶は強い者の代名詞になっています。そこで、家で偉そうにしたり騒いだりする割に、外では静かで控えめな人のことを、家の内でだけ強いということで「内弁慶」というようになりました。弁慶が日本人の常識になっているおかげで、「家では強いが、外では急に大人しくなる性格の人」を、たった漢字三文字で言えてしまうわけですから、面白いものです。

弁慶にちなんだ言葉はまだあります。さらに二つ紹介しましょう。

まずは、強い弁慶でさえ打たれたら痛がって泣く、という意味の「弁慶の泣きどころ」

という言葉です。具体的には向こう脛《ずね》のことを指しますが、「これは、彼にとっての弁慶の泣きどころだ」というように、人の弱点をいうのにも使います。

また、弁慶は主人の源義経と行動をともにし、奥州に落ちて行きました。最期を迎えたのは、衣川《ころもがわ》の合戦です。義経を守るために勇敢に戦った弁慶は、弓矢を受けるなどしても倒れず、なぎなたを杖にし、立ったまま死んだといいます。その伝説から、追い詰められ、進むことも退くこともできない状況を「弁慶の立ち往生」と呼びます。

判官贔屓《ほうがんびいき》 ◉弱い者に味方をしたくなる日本人の心性

弁慶と並んで日本語の語彙に入り込んでいるのが、その主人の源義経です。源頼朝の弟である彼は、一の谷の戦い・屋島の戦いなどで、平氏を追いやり、とうとう壇ノ浦まで追い込んで、平氏を倒すのでした。そうした華々しい活躍をしながら、兄・頼朝との不和から追われる身となり、奥州にまで逃げ隠れ、最期を迎えます。

その義経の人生に、古来多くの日本人が惹かれてきました。室町時代には、彼の幼少期や逃亡生活を中心に描いた軍記物語『義経記《ぎけいき》』が作られ、能でも『八島《やしま》』『船弁慶《ふなべんけい》』『安《あ》宅《たか》』といった作品が生まれました。歌舞伎においても、義経の逃亡中の苦労を描いた『勧進帳』は、代表的な作品の一つです。ＮＨＫの大河ドラマでも、主役として二回描かれています。歴史を学んだり、こうした作品にふれたりするとき、我々は義経の悲しい運命に同情し、義経を追い詰める頼朝を恨めしく思うのです。

そうした心理を「判官贔屓」といいます。判官は、義経以外の場合には「はんがん」と読む言葉で、律令《りつりょう》制の四等官制の中で第三位「じょう」に当たる官職に任命された人のことです。義経は左衛門尉《さえもんのじょう》に任じられており、源義朝の九男であったことから、九郎判官《くろうほうがん》と呼ばれていました。その九郎判官をつい贔屓したくなることから判官贔屓というのです。

現在では義経に限らず、弱い立場に置かれた者、不遇な者に肩入れして応援してしまうこと全般に使います。

上京 ◉ 元は東京に来ることではありませんでした

今では東京に出ることを「上京する」といいますが、もともとは、京都（というよりは平安京）に行くことが「上京」でした。京《みやこ》に上るわけです。

上るという言い方をするのは、平安京に内裏《だいり》があり、天皇陛下がいらっしゃったことが関係しています。身分が高い人のところに行くことを「のぼる」や「あがる」というのです。

明治維新後、首都が東京になり、皇居も東京に移りましたので、「上京」という言葉で、田舎から東京に出ることを指すようになりました。電車や道路なども、東京に向かう方を「のぼり」、東京から離れる方を「くだり」というのが一般的です。

さて、「上京する」という言葉には、どこか特別なニュアンスが感じられますね。夢を叶えるために東京に引っ越して来るとか、憧れていたお店に行くために東京に旅行するというときに、上京するという言葉が使われるように思います。単に「go to Tokyo」と言うだけでは伝えられない、高揚感や覚悟、ドラマが感じられる言葉です。

なお、都会に出てきた人を「おのぼりさん」ということもあります。物珍しそうに色々なものを眺めている様子をからかって言うわけですが、田舎から出てきた人が自分を謙遜して言う場合もあります。

夜の帳《とばり》が下りる

◉風情のある比喩表現です

平安時代、寝殿《しんでん》造りの邸宅では、壁で部屋と部屋とを区切るということをあまりしませんでした。室内に布を垂れ下げたり、衝立《ついたて》になる屏風《びょうぶ》などを置いたりして、区切りをもうけていたのです。その垂れ下げる布のことを帳（帷）といいます。

辺りが闇に包まれる様子を「夜の帳が下りる」と表現したのは、おしゃれな言い方だと思いませんか。

お払い箱

◉ 実は伊勢神宮に関係する言葉です

要らなくなったものを捨てることや、使用人を首にすることを「お払い箱にする」といいます。

語源になったのは、少し漢字の違う「お祓い箱」。中世から近世にかけて、伊勢神宮には、御師《おんし》という、伊勢神宮への参拝や信仰を世話する人がいました。伊勢神宮から遠く離れた地域にも檀那《だんな》（信者）がいましたが、彼らはそう頻繁には伊勢神宮には行けません。そこで、彼らに、お札や暦などの入った箱を配付していました。それがお祓い箱です。

お札は年が改まると、寺社に持って行きますね。お祓い箱も同じです。翌年になると、新しいお祓い箱が届けられるので、前のものは用済みになります。

このお祓い箱と「払う（取り除く、捨てる）」という言葉のしゃれで、「お払い箱にする」という言葉ができたのです。

着倒れ《きだお》

あえて訳せば「extravagance in dress」

服装にお金をかけ過ぎて財産をなくしてしまうことをいいます。それを一語で表すことができるのが、日本語の面白い点です。

昔から言われているのが「京の着倒れ、大阪の食い倒れ」。それぞれの都市の特性が感じられますね。京都には西陣織や京友禅《ゆうぜん》、京小紋《こもん》、京扇子《せんす》、京うちわなど、ファッション関係の伝統工芸が多くあります。

襟《えり》を正す

類義語に「姿勢を正す」「居住まいを正す」があります

服装をきちんと整え、気持ちを引き締めることです。中国の古典『史記』（紀元前一世紀）にも登場する、歴史ある言いまわしです。

この表現は、襟元がきちんとしているかどうかで大きく印象の変わる、日本の着物にもなじむ表現でした。洋装に変わった現在でも広く使われています。

たとえば、自分たちのミスを詫びるときに、「今後は襟を正し、邁進《まいしん》していく所存です」のように言うことができます。また、「今回の研修には外部の講師をお招きしているので、襟を正して聞くように」というように、諭《さと》すときにも使えます。

服装や姿勢をきちんと整えることを意味する言葉には、他に「威儀《いぎ》を正す」という表現もあります。こちらは、格式や作法に則《のっと》った、公の場にふさわしい厳格な身なり・立ち居振る舞いをするイメージです。

袂《たもと》を分かつ ◉ 取り返しのつかない、本気の絶縁

もともと「袂」は「手本《たもと》」でした。手の肘から肩までの部分（いわゆる二の腕）を指す言葉ですが、着物に関して使うことが多く、その場合には着物の袖口の下に垂れ下がった袋状の部分のことをいいます。

若い未婚女性は、振袖という袂が長く垂れ下がった着物を着ます。結婚して家を出るときにはその袖を仕立て直し、留袖にして持って行きます。そのとき袂を切って、袖を詰めるのですが、切ってしまうと元には戻せませんね。その後戻りのきかないイメージから、「袂を分かつ」という言葉に、きっぱりと絶交するという意味が生まれました。それまで一緒にやってきた人と関係を断つことをいいます。

「袂」に関わる表現として、他には、助けを求めて人に追いすがることをいう「袂にすがる」、その取りすがる人を拒絶する「袂を払う」、ひどく涙を流す「袂を濡らす」「袂を絞る」などがあります。

第六章　語源から食を味わう

食にまつわる言葉にも、味わい深い表現がたくさんあります。一つひとつの言葉の由来は、より美味しい食事を楽しむための隠し味になりそうです。

いただきます

慎みと感謝をこめて言いたいあいさつです

これを「Let's eat!」と訳すと、失われてしまう語感がたくさんあります。言葉の意味を注意深くみてみましょう。

このあいさつの語源になっている「いただく」という動詞は、名詞では「いただき（頂）」になります。

山頂という語でも分かるように、頂はてっぺんを指す言葉です。頭頂部という言葉もありますね。つまりちょうど頭のてっぺんの辺りに、「ははーっ」と捧げ持ちながら受け取る動作のことを「いただく」といいます。謹んで、ありがたくもらうのだ、という感じの出ている謙譲語です。

そのイメージを踏まえ、遠慮深い気持ちと、感謝の思いをこめて発したいのが、「いただきます」というあいさつ。自然の恵みをいただくということ、自分の口に入るまでに様々な人が関わっているということをしみじみ噛みしめながら言いたいものです。

それと同時に、「いただく」は周りの人に対する敬意もこめられる表現です。食事をともにする人たちに対する、「よろしくお願いいたします」という気持ちもこめながら言うと良いでしょう。

ごちそうさまでした

❋ 用意してくれた人への感謝の言葉

このあいさつは、漢字で表記すると、語源がよく分かります。

「ご馳走様でした」。この「馳」は「馳《は》せ参じる」という言葉にも使われており、馬を駆って走らせ、駆けまわることを意味する字です。つまり、「馳走」という言葉は元来、奔走する様子のことなのです。

そして、あれこれ駆け回って準備をする様子から、心をこめて食事を用意し、客をもてなすことを「馳走」というようになりました。

「ご馳走」というと、豪勢な料理という感じがしますが、単にお金がかかっているとか、量が多いということを表す言葉ではありません。準備してくれた相手の気遣い、苦労を想像し、それをありがたく受け止め、感じ入る気持ちを表す言葉なのです。

自然の恵みや生産者らに感謝するとともに、料理を用意してくれた人への感謝をこめて、手を合わせて「ごちそうさまでした」と言いたいですね。また、自分自身が作った料理のときにも、時間や手間をかけて調理をした自分をねぎらうつもりで「ごちそうさまでした」と言ってみませんか。

お粗末さまでした ◎「ごちそうさまでした」と言われたら

ある旅館に泊まったとき、夕食をいただいて席を立つときに、

「ごちそうさまでした」

と言うと、

「お粗末さまでした」

という声が調理場から飛んできました。昔ながらの旅館の風情にふさわしい、奥ゆかしさを感じました。


この「お粗末さまでした」というのは、「自分の提供したものは決して上等とは言えない」と謙遜するあいさつです。仮に自分としては自信のあるものを提供したとしても、得意気に振る舞うのではなく、「お粗末さまでした」と謙遜してみせるのが、上品な作法な

のですね。

たとえば、あなたが手料理を披露したり、パーティーや接待を取りしきったりしたときに、目上の人から「ごちそうさまでした」とお礼を言われたら、この言葉を使ってみましょう。

多少よそよそしい感じもある言葉ですので、気心知れた身近な相手であれば「どういたしまして」でも良いかもしれませんが、「お粗末さまでした」も覚えておいて損はありません。

なお、食事に限らず、余興で出しものを担当したり、趣味の作品を披露したりするなど、何かしら自分の腕前を見せる機会があったときにも、この言葉を使うことができます。この場合の「どうも、お粗末さまでした」に似た言い方には、「お見苦しいものを失礼いたしました」「お目汚しですみません」があります。

お相伴《しょうばん》にあずかる ◉ 同席させていただくという謙虚な姿勢の言葉

「相伴」というのは、宴席の本来の客ではない人物が、客に便乗してもてなしを享受《きょうじゅ》することをいいます。

たとえば、自分の上司が招かれた接待の席に、「お前も来るか」と誘われて同席する場合が、まさに相伴です。

あるいは、自分がもてなす側の宴席で、客に「ぜひ、あなたも一杯」と誘ってもらったら、「では、お相伴にあずかります」と言って誘いに乗れば良いのです。

以上が本来の使い方ですが、近年では、厳密な意味はさておき、目上の人に飲みに誘われたり酒を勧められたりしたときの返答文句として広く使われているようです。快く受け入れていること、また、誘われたことを光栄に思っていることが感じられる応答で、好ましく響きます。

もし英語に訳すなら、「I plan to drink with you.」となるのでしょうが、これだと単に「私はあなたと飲みに行くつもりだ」というだけで、「恐縮ながら、ご一緒させていただきます」という慎み深いニュアンスが消えてしまいます。また、「〜にあずかる」という言葉が持っている、人から恩恵を受けるというニュアンスも消えてしまっています。「お相伴にあずかる」と言うからこそ、控えめな姿勢や感謝の思いがこめられるのです。

なお、「相伴」が音読みの熟語なので「ご相伴」と言う人もいますが、慣用的に「お相伴」という方が一般的です。

一献《いっこん》

◉ 献という字にこめられたおもてなしの心

酒のことを指し、「献上する」の「献」の字が入っていることから分かるように、こちらが相手に捧げるときに用いる言葉です。くれぐれも、「こちらにも一献いただけますか」と言わないようにしてください。

粋な大人としては、飲み始めのときに、

「まずは一献」

と言いながら相手にお酌をするのが良いでしょう。相手のために宴席をもうけるときに、「一献さしあげたい」などと言うこともあります。

なお、現在ではおおむね、一献はさかずき一杯（特に最初の一杯）を表します。しかし、元をたどれば、一献は三杯を表していました。同席した者で杯を回し、三巡するのが一献だったのです。三献（三杯×三献＝九杯！）までは原則として席を立ってはいけなかったそうですから、下戸《げこ》の人はさぞ大変だったことでしょう。

同じ「献」の入る「献立《こんだて》」も、同じ由来を持っています。一献、二献、三献と飲まれるお酒に添えて、それぞれどのような食事（肴）を出すかのメニューが献立だったわけです。

鎌倉時代終わりの『徒然草《つれづれぐさ》』に、

一献に打ち鮑《あわび》、二献に海老、三献にかいもちひにて止みぬ。

という記述が出ています。

室町時代以降には、簡略化され、吸い物や肴の膳に杯・銚子を添えて出し、酒を三杯勧めるスタイルになったようです。

献杯《けんぱい》

故人を悼《いた》み、敬意を表する言葉

一般に宴席は「乾杯！」と言って始まります。しかし、その陽気なイメージが似合わない席があります。葬儀や法要の後にもうけられた会食の席です。

このときは明るい「乾杯」という言い方を避け、故人を悼み、この杯を故人に捧げるという意味を強調して「献杯（献盃）」という言い方をするのです。

本来は故人に捧げる以外で使っても良いのですが、現代ではもっぱらこの意味で使用されています。場の空気を重んじ、不謹慎にならないよう気を遣う、日本人らしさが表れた使い分けですね。

おせち

◉ 栗きんとんや蒲鉾《かまぼこ》のいわれをご存知ですか？

季節の変わり目など、祝いを行う日を「節日《せちにち》」「節句《せっく》」といいます。「桃の節句（三月三日）」「端午《たんご》の節句（五月五日）」などは聞いたことがあるのではないでしょうか。元旦もそうした節日の一つです。節日の特別な食事を「お節《せち》」と呼んでいたのですが、今では、特にお正月に食べるものだけを「おせち料理」と呼んでいます。

おせち料理は本来、年神様にお供えする料理です。そのおさがりを我々が食べさせてもらっているのですね。

さて、おせち料理にはたくさんの種類の料理が入っていますが、どれも、語呂合わせなどで縁起の良い食べ物です。少し、ご紹介しましょう。

・紅白蒲鉾……蒲鉾は日の出を表すもの。紅はめでたさや慶《よろこ》び、白は神聖さを表しています。

・栗きんとん……黄金色に輝く財宝をイメージさせる料理。栗を臼《うす》で搗《つ》くことを昔は「搗《か》つ」といっていました。そのことが「勝つ」に通じることで、「勝ち栗」と縁起良く呼ばれることもあります。

・黒豆……「まめに働く」の語呂合わせで、元気に働けることを祈って入れられます。

・昆布巻……「こんぶ」と「よろこぶ」の語呂合わせでの縁起ものです。

・数の子……「子どもがたくさんできますように」と子宝を願う一品です。数の子はニシンの卵ですが、ニシンが「二親」に通じる点も縁起が良いとされています。

一つひとつ由来を確かめることで、より嬉しく、美味しく食べることができそうですね。

精進《しょうじん》料理

◉ 曹洞宗《そうとうしゅう》などでは食事も修行の一環です

「精進」とは、ひたすらに努力に励むことをいいます。日常会話でも「精進いたします」という言い方がありますが、元は仏教の言葉です。

そして「精進料理」は、僧侶は美食をせず、粗食のもとに精神修養に精進すべきだという考え方からできたものです。中国の調理法の影響を受けつつ、曹洞宗の修行道場などで完成されていったのが、日本の精進料理です。

仏教には「不殺生戒《ふせっしょうかい》」がありますので、肉や魚は使用しません。野菜や豆腐などの植物性の材料を中心に組み立てます。

寺院で修行中の僧侶が食べる他、そうでない一般の人でも、仏事のときに食べたり、ヘルシー志向から好んで食べたりすることがあります。

春の七草《ななくさ》

一月七日の七草粥《がゆ》に欠かせません

百人一首に次のような歌があります。

君がため春の野に出でて若菜摘む我が衣手に雪は降りつつ　光孝《こうこう》天皇

何のために若菜を摘んでいるかといえば、一月七日、人日《じんじつ》の節句のためです。この当時も七種類の草を入れていたかは不明ですが、一月七日に若菜を摘み、お粥《かゆ》や吸い物にする風習は、早くも平安時代の和歌に詠み込まれているのです。

現代では、お正月の暴飲暴食の後に淡白な七草粥で胃腸を休めるのが目的かもしれませんが、本来は無病息災を祈っての習慣でした。若菜からエネルギーをもらうわけですね。それを踏まえて右の「君がため」の和歌を読むと、若菜を摘む人が、君の健康を祈って、雪の中に出かけている姿が感動的です。

なお、鎌倉時代の本『河海抄《かかいしょう》』に残っている古歌に、

芹《せり》なずな 御形《ごぎょう》 はこべら 仏《ほとけ》の座《ざ》 すずな すずしろ これぞ七草

があります。少なくともこの頃には七草という概念があったわけです。御形はハハコグサ、仏の座はタビラコ、すずなはカブ、すずしろは大根といった方が通じやすいでしょうか。

同じような七草には、秋の七草もあります。こちらはもっぱら観賞用の植物で、萩《はぎ》、尾花、くず、撫子《なでしこ》、女郎花《おみなえし》、藤袴《ふじばかま》、桔梗《ききょう》の七種です。

初鰹《はつがつお》 ◉ 旬のもの、縁起物を尊ぶ心

目には青葉　山ほととぎす　初鰹

こちらは、江戸時代の俳人・山口素堂《そどう》（一六四二〜一七一六）の一句です。初夏の風物詩を一首に詠み込んでいます。

江戸っ子は、初鰹が大好きでした。あまりの人気に値段は高騰していたようですが、そ

れを少々やせ我慢してでも買うのが江戸っ子の粋でした。「初鰹は女房を質に入れても食え」ということわざがあるほどです。

黒潮に乗って太平洋を北上してくる初鰹。旬は五～六月頃です。脂肪分が少なめで、あっさり、さっぱりとした味わいが特徴です。

実は、鰹の旬はもう一度あります。十～十一月頃の戻り鰹です。戻り鰹は初鰹よりも脂がのっていて濃厚な味わいなので、現代では、戻り鰹を好んで食べる人も多いようです。

戻り鰹が美味しいことは、江戸っ子たちも分かっていたかもしれませんが、彼らはあえて初鰹を求めました。それは「初物七十五日」（初物を食べると、寿命が七十五日延びる）というような、初物信仰です。シーズンの最初に獲れる物は、他にない生気がみなぎっていると考えられたのです。

同じ理由から、新茶を大切な人への贈り物にする風習もありました。

肴《さかな》

●「な」は副食物、おかずのことです

酒を飲むときに一緒に食べる物で、魚や肉、野菜、果物などをいいます。そこから意味が広がって、酒席を盛り上げる余興や面白い話のことも、肴というようになりました。「ちょっと、酒の肴になるもの何かない？」とよく言いますが、実は「酒菜」が転じて「肴」という言葉になっています。魚と区別するためには仕方ないのでしょうが、「酒の肴」というのは、「酒の酒菜」と意味が重複している状態なのですね。

本来、魚のことは「うお（いお）」と呼んでいたのですが、肴の代表が魚であることから、江戸時代の間に魚を「さかな」と呼ぶようになりました。そして、明治の頃には、全国的に魚を「さかな」と呼ぶようになったのだそうです。

香《こう》の物

◉ 雅《みやび》な響きは雅な遊びから生まれました

茶を楽しみ、究《きわ》めようとする「茶道」のように、香りにも「香道《こうどう》」があります。

香木《こうぼく》を焚いて、その香りをよく味わうことを「聞香《もんこう》」と呼びます。聞香の遊びとして、何種類もの香木を用意し、それぞれの香りを聞き分けて（聞香ですから、「嗅ぐ」でなく「聞く」というのです）、銘柄を当てようとする遊びのことを「組香《くみこう》」といいます。

組香の際、口の中の臭気をリセットし、嗅覚を整え、聞香に集中する目的で、大根の漬物をつまんでいました。その漬物のことを「香の物」と呼んでいたのです。「糠《ぬか》漬け」や「漬物」よりも、雅な感じのする言い方ですね。

今では、大根の漬物に限らず、幅広く漬物のことを香の物と呼んでいます。

佃煮《つくだに》 ● 実は固有名詞が含まれています

小魚や貝などを醤油などで甘辛く煮た佃煮。ご飯のお供として愛されている食べ物ですが、この「佃」は地名なのです。

現在の東京都中央区にある佃島が、その由来。江戸時代、そこに住んでいた漁民が、売り物にならない小魚などを塩や醤油で煮て、保存がきくようにした食べ物が佃煮でした。もともとは自家用に作っていただけでしたが、江戸市中でも売られるようになって評判になり、全国に広まりました。

そして、この「佃」という地名は、実は大阪が起源です。現在の大阪市住吉区に佃村という村があったのです。その地名が東京にあるのは、時を遡《さかのぼ》ること四百数十年前、一五八二年に起きた本能寺の変がきっかけです。堺に滞在していた徳川家康は、身の危険を感じ、堺から岡崎城に戻ろうとしました。そのとき、佃村のそばを流れる神崎川で足止めを食ってしまったのです。途方に暮れる家康を救ったのが、佃村の漁民たちでした。すると、恩義を感じた家康は、江戸に移った際に彼らを呼び寄せ、江戸近郊での特別の漁業権を与えたのです。その地には佃村の漁民たちが移り住んだので、佃島という名前になりました。佃煮という名前の背景には、そうした歴史のドラマがあるわけです。

他にも地名がそのまま食べ物の一般名詞になっているものには、伊勢えび、高野《こうや》豆腐、伊予柑《いよかん》、奈良漬けなどがあります。

水菓子《みずがし》 ◉ 水ようかんやゼリーのことではありません

果物のことをいいます。もともと「菓子」というだけで果物を指していましたが、次第に「食事以外の間食＝菓子」と認識されるようになり、やがて、今のように和菓子・洋菓子のことを菓子というようになりました。そこで、果物のことが区別できるように、「水菓子」と呼ぶようになったのです。

それにしても、水菓子というのは言い得て妙で、果物のみずみずしい雰囲気をよく伝える言い方ですね。

消え物

相手に気を遣わせないための配慮

何か贈り物をするとき、我々は相手に喜んで欲しいと思って選びます。ただ、もう一つ考えることがあります。高価なものを贈るなどすると、遠慮深い人の場合、申し訳ない気持ちを感じてしまうことがあるのです。その人に喜んで欲しくて贈り物をするのに、罪悪感で苦しめてしまったら、逆効果ですよね。

そこで、季節のギフトやお土産に、よく選ばれているのが「消え物」です。

元は、歌舞伎などの芝居の業界で用いていた言葉で、舞台で一回限りしか使えない小道具のことをいいました。たとえば、芝居の中で破ってしまう手紙などです。そこから意味が転じて、消費するとなくなる食品や洗剤、入浴剤などの贈り物を消え物というようになったのです。

ずっと残る「物」だと、相手は恐縮し続けなくてはならないかもしれません。しかし、お菓子や食べ物であれば、美味しく食べてしまえば、もうなくなります。後腐れのない贈り物です。

お福分《ふくわ》け

◉ 幸運を分かち合うというあたたかい言葉

自分もよそからもらったものを、さらに他の人に分けてやることをいいます。いわゆる「おすそわけ」のことですが、贈り物をもらった幸せを他の人と分かち合う、という意味の言葉ですから、前向きで優しい印象を与えます。

本来、何をお福分けしても良いのですが、現代では一番多い用例が食べ物のお福分けでしょう。お中元やお歳暮などでお菓子をもらったものの、多くて食べきれない。そうしたときに、近所の人や職場の人に配ることがありますね。「そんな、いいですよ」という控えめな人がいたら、「ご遠慮なさらず。お福分けですから」と言って勧めましょう。

お口汚し　◉日本人の謙遜の美徳です

会社や人のお宅を訪ねるとき、菓子折りなどを持って行くことがあります。気を遣って選んだものであっても、渡すときには、遠慮しながら差し出すのが、日本人のやり方です。そうしたときに使われるのが「お口汚し」という言葉。「ほんのお口汚しですが、皆さまでどうぞ」と言うわけです。

量が少なくて、ほんの少し口を汚すくらいである。あるいは、あまり美味しくないので、相手の口を汚してしまう。そんな風に言うことで、謙遜した気持ちを表すことができます。

箸休め　◉客を思いやる、ちょっと休憩のメニュー

フレンチのコース料理で、魚料理と肉料理の間にグラニテ（シャーベットのようなもの）が出てくることがあります。フレンチは少し濃いめの味付けが多いので、間にグラニテを挟むことで、食べやすくするわけです。前の魚料理の味をリセットした状態でメイン

ディッシュの肉料理を楽しめるように、という工夫でもあります。

それと同じ発想は、日本の食事にもあります。重めの料理が続くときには、合間に、少し軽めの料理をつまめるようにするのです。そんな箸休めとして供されるのは、たとえば、酢の物や和《あ》え物です。

そこから意味が広がり、本題から少しそれた、雑談や余談のことも箸休めということがあります。

醍醐味《だいごみ》 ヨーグルトの味？

元は仏教用語です。『大般涅槃経《だいはつねはんぎょう》』というお経に、

「牛より乳を出し、乳より酪《らく》を出し、酪より生蘇《せいそ》を出し、生蘇より熟酥《じゅくそ》を出し、熟酥より醍醐を出す、醍醐は最上なり」

という記述があります。

このお経を解釈すると、醍醐とは、牛乳を精製していってできる一番美味しいもののことです。実際にどのようなものであるかは確定されていないのですが、バターや飲むヨーグルトのような乳製品であるだろうと推測されています。つまり、醍醐味というのは、大変美味しい乳製品の味のことなのです。

さらにお経を読んでみると、

「仏の教えもまた同じく、仏より十二部経《じゅうにぶきょう》を出し、十二部経より修多羅《しゅたら》を出し、修多羅より方等経《ほうどうきょう》を出し、方等経より般若波羅蜜《はんにゃはらみつ》を出し、般若波羅蜜より大涅《だいね》槃経《はんぎょう》を出す」

と続いています。牛乳の中で最上なのが精製を重ねた醍醐であるように、仏の教えの中で最上のものが大涅槃経であるということなのです。

醍醐の味や大涅槃経のように、最も優れたものということで、今では、そのもの本来の魅力ややり甲斐が発揮されている状態を指していいます。「教え子の成長していく様子を見るのが、教師の醍醐味だ」というように使います。

索引

参考文献

『合本俳句歳時記 第四版』角川学芸出版編（角川学芸出版）
『大人の語彙力が使える順できちんと身につく本』吉田裕子（かんき出版）
『心に響く 和のことばの使い方』吉田裕子監修（朝日新聞出版）
『品よく美しく伝わる「大和言葉」たしなみ帖』吉田裕子監修（永岡書店）
『精選版 日本国語大辞典』（小学館）
『新明解国語辞典』（三省堂）

青春新書
INTELLIGENCE
こころ涌き立つ「知」の冒険

いまを生きる

"青春新書"は昭和三一年に――若い日に常にあなたの心の友として、その糧となり実になる多様な知恵が、生きる指標として勇気と力になり、すぐに役立つ――をモットーに創刊された。

そして昭和三八年、新しい時代の気運の中で、新書"プレイブックス"にその役目のバトンを渡した。「人生を自由自在に活動《プレイ》する」のキャッチコピーのもと――すべてのうっ積を吹きとばし、自由闊達な活動力を培養し、勇気と自信を生み出す最も楽しいシリーズ――となった。

いまや、私たちはバブル経済崩壊後の混沌とした価値観のただ中にいる。その価値観は常に未曾有の変貌を見せ、社会は少子高齢化し、地球規模の環境問題等は解決の兆しを見せない。私たちはあらゆる不安と懐疑に対峙している。

本シリーズ"青春新書インテリジェンス"はまさに、この時代の欲求によってプレイブックスから分化・刊行された。それは即ち、「心の中に自らの青春の輝きを失わない旺盛な知力、活力への欲求」に他ならない。応えるべきキャッチコピーは「こころ涌き立つ"知"の冒険」である。

予測のつかない時代にあって、一人ひとりの足元を照らし出すシリーズでありたいと願う。青春出版社は本年創業五〇周年を迎えた。これはひとえに長年に亘る多くの読者の熱いご支持の賜物である。社員一同深く感謝し、より一層世の中に希望と勇気の明るい光を放つ書籍を出版すべく、鋭意志すものである。

平成一七年

刊行者　小澤源太郎

著者紹介
吉田裕子〈よしだ ゆうこ〉
国語講師。1985年三重県生まれ。東京大学教養学部超域文化科学科卒業。
大学受験塾やカルチャースクールで国語、古典文学の講師を担当。NHK Eテレ「Rの法則」では敬語の指南役として出演するなど、日本語・言葉遣いに関わる仕事にも精力的に取り組む。
著書(監修を含む)に『大人の語彙力が使える順できちんと身につく本』(かんき出版)、『心に響く 和のことばの使い方』(朝日新聞出版)、『正しい日本語の使い方』(枻出版社)など多数。

英語《えいご》にできない日本《にほん》の美《うつく》しい言葉《ことば》　青春新書 INTELLIGENCE

2017年10月15日　第1刷

著者　吉《よし》田《だ》裕《ゆう》子《こ》

発行者　小澤源太郎

責任編集　株式会社プライム涌光
電話　編集部　03(3203)2850

発行所　東京都新宿区若松町12番1号 〒162-0056　株式会社青春出版社
電話　営業部　03(3207)1916　振替番号　00190-7-98602

印刷・中央精版印刷　製本・ナショナル製本

ISBN978-4-413-04524-7
©Yuko Yoshida 2017 Printed in Japan

本書の内容の一部あるいは全部を無断で複写(コピー)することは著作権法上認められている場合を除き、禁じられています。

万一、落丁、乱丁がありました節は、お取りかえします。

こころ涌き立つ「知」の冒険！

青春新書 INTELLIGENCE

人は死んだらどこに行くのか 世界の宗教の死生観	島田裕巳	PI・506
ブラック化する学校 少子化なのに、なぜ先生は忙しくなったのか？	前屋 毅	PI・507
僕ならこう読む 「今」と「自分」がわかる12冊の本	佐藤 優	PI・508
江戸の長者番付 殿様から商人、歌舞伎役者に庶民まで	菅野俊輔	PI・509
「減塩」が病気をつくる！	石原結實	PI・510
隠れ増税 なぜあなたの手取りは増えないのか	山田 順	PI・511
大人の教養力 この一冊で芸術通になる	樋口裕一	PI・512
スマートフォン その使い方では年5万円損してます	武井一巳	PI・513
「血糖値スパイク」が心の不調を引き起こす	溝口 徹	PI・514
こんなとき英語でどう切り抜ける？	柴田真一	PI・515
その「もの忘れ」はスマホ認知症だった	奥村 歩	PI・516
「糖質制限」その食べ方ではヤセません	大柳珠美	PI・517
浄土真宗ではなぜ「清めの塩」を出さないのか	向谷匡史	PI・518
皮膚は「心」を持っていた！ 「第二の脳」ともいわれる皮膚がストレスを消す	山口 創	PI・519
その「英語」が子どもをダメにする 間違いだらけの早期教育	榎本博明	PI・520
頭痛は「首」から治しなさい 慢性頭痛の9割は首こりが原因	青山尚樹	PI・521
「系図」を知ると日本史の謎が解ける	八幡和郎	PI・523
英語にできない日本の美しい言葉	吉田裕子	PI・524

※以下続刊

お願い ページわりの関係からここでは一部の既刊本しか掲載してありません。折り込みの出版案内もご参考にご覧ください。